非モテ、倦怠期、離婚危機

オトナの超♥性教育

すべてうまくいく愛のスキル

はじめに

貴男は「男の自信」が欲しくない？

いかなる場所でも堂々と振る舞い、自信に満ち溢れ、好みの女性を思うがままに口説き、同性からも一目置かれる…。恋愛の場面では「また会いたい」と女性からささやかれ、「あなたのセックスって最高」「また抱いて」とリピートをおねだりをされる…。仕事でも成果を出し、コミュニケーションの達人でもある…。収入がどんどん増え、身なりもメンタルもさらに整う…。同性からの人気も集まり、パートナーや家族からも信頼されている…。

そんな男になりたくはない？

前述の問いのどれに対しても「不要だ」「ＮＯ」なら、読むのはここで終わり。さっさと本書を閉じて、これまで通りのイマイチな自分をさらに退化させてちょうだいな。

でも、どれか一つでも「そんな自信、欲しい」と思ったなら、ぜひこの本を最後まで読み進めて実践してほしい。そして継続して少しずつ慣れてほしい。必ず貴男の人生を、良きものに変化させることができるから。

「どうすればそんな男になれるのですか？」

「教えましょう。それは…」

「そ、それは？」

「貴男が、もっとモテる男になること。それには、最高のセックスをマスターする事です！」

皆様こんばんは。恋愛と性のカウンセラー、ラブエキスパート・神田さゆりと申します。この度、久しぶりに筆を取り（パソコンを開き）、全身全霊で本書を書かせていただきました。

実はこの本を書き上げるまでに数年もの月日を費やしまして、というのも書きたいことが多すぎて、絞り込むまでに迷走しまくっておりました。カウンセリングで日本人男性のセックスレベルの低さに衝撃を受ける↓男性向けに性を書こう↓パートナーシップに関する性を書こう↓成人男女向けの性教育を書こう↓やっぱりまずは男性向けの性を書こう、といった感じで原点に戻ってきたワケです。最終的には、前著『34歳以上限定・年下彼氏の作り方』が女性向けだったので、男性向けを一度がっつり書き上げようと決心したわけなのです。

しかも、今回はズバリ「セックスについて」をテーマにね。

前著では大人の女性向けの、いわゆる婚活本をヒットさせた私ですが、その後は出版活動はせず、男女間のコミュニケーション講座や個人カウンセリングを行っていました。

その中でも特に需要が高かったのが、性の悩み。だって、パートナーシップの相談にのる中で性の悩みは絶対に避けられないからです。それどころか一番大切なことなのに、そこから目をそらす人ばかり。わが国では性について語ることが強くタブー視され、男女が本音で語り合えないことから性のすれ違いが膨れ上がって、普段のコミュニケーションまで拗らせまくるという事例があまりにも多すぎるのです。そう考えると、日本がセックスレス大国になっているのも当然の結果です。

でもね私、知ってるんですよ。私を筆頭に、日本の男女はみ～んなエッチが大・大・大好き！性癖レパートリーも世界一なんじゃないかと思えるくらい多種多様で、むっつり変態スケベがいっぱい。

結果、風俗のお店や二次元メディアや不倫、盗撮や痴漢ほかの性犯罪など、パートナー以外で発散している人がいっぱいいいるのです。

でもね、本来なら愛する人と最高のセックスができたら、もう全てが吹っ飛ぶほどの多幸感が得られるんですよ。

　すると、みるみる自分に自信が持てて、外見まで変わってくるんですよ。そうなると、日常的にも異性とのコミュニケーションが楽しくてたまらなくなるんです。そうしてコミュニケーション能力が高くなると、仕事も上手くいって結果的に収入も上がるというわけです。つまり、セックスの本質を学んで実践すれば「自分に自信が持てて、外見も良くなって、コミュニケーション能力も上がって、モテて収入も増える」って事なんです。これってヤバくないですか？　そんな自分になれるなら、この本を読んで実践したくなりますよね？

「とか言って、どうせ女なんてイケメンか金持ちしか眼中にないんだろ？」とか腐ってるそこの貴男！　お爺ちゃんになるまで、そうやって拗らせたままでいいんですか？

　女性はイケメンか金持ちがいい？　何それ、本気で言ってるの？　私は声を大にして言わせていただく。

「そんなのあったりめ〜だろ‼」と。

　それは男性が「若くて可愛くておっぱいが大きな女の子」が好きという本能的な欲求と似たようなものです。そりゃあ、その方が嬉しいに決まってるという事でしかありません。そんな事を言っていたら、ハイスペックな男女同士しかパートナーになれないじゃないですか。

でも現実は、そうでもないですよね？　実際イケメンでもお金持ちでもモテない人は沢山いて、女性とのコミュニケーションがズレすぎていたり、下手すぎるセックスで嫌われる人もいっぱいいるのも事実なのです。

私もそんな方々と何度かセッションして「お、おおぅ…」となって、二度と会いたくないとなった経験が数えきれないほどありますから、よくわかります。

しかし、貴男が本書でしっかり学んで実践できれば、そんな残念なハイスペックな方々よりも、ずっと女性にモテてセックスしまくれ、愛する人を喜ばせることができるのです。

え？「なんでいつも男ばかりが努力しなきゃいけないのか」って？　そういうとこだぞ、この粗チン野郎!!　そんな言葉は女性よりもさんざん努力した後に言いなはれ。

私が本書で書いているのは、誰でも、何歳からでも、どんな環境やスペックの人でも、すぐに始められることばかりです。

何も「この秘技を教えるから、ひとり百万円払え」って言ってるわけじゃありません。この本の代金と、日々の前向きな実践だけで、最高のモテ男になれるのです！

人生バラ色どころかレインボーです！

あなたのセピア色のくすんだ日常が、ハイビジョンの極彩色に変わるんだぜ？　読むのか？　読まないのか？　やるのか？　やらないのか？　愚問でしょう。

いいぜ、愛ある私についてきな！

それでは改めて、本書では何が得られて、どんな貴男になれるのか、まとめておきましょう。

まず、全然モテない男性は全てがズレている。恋愛と性の専門家としてあらゆる相談を受けてきたけれど、モテない男性の相談はいつも「そこじゃないんだよなぁ」といったズレが多いんだよね。「全然モテない男性」といったけれど、これはまだ何も経験がない童貞君を指してるのではないよ。だって、たとえその人が結婚していたとしても、40代、50代の大人であったとしても、パートナーに好かれていない人って世の中には沢山いるよね？

「うちはもう結婚して20年以上だから、モテは十分でしょ」なんていう人であっても、パートナーとセックスレスだったり、職場の女性社員に嫌われている、なんて人が果たして「モテてる」といえるだろうか？　答えはＮＯ。そうなると、もしかしたらほとんどの男性が「モテない男性」である可能性があるわけだよね。

「俺はパートナーに愛されていて、外でも女性にモテモテで、セックスでは必ず女性をイカせまくってリピートまでお願いされて、職場でも尊敬されていて完璧だ！」という方には、本書は必要ないけれど、私の知る限りそんな男性は皆無に等しい。

実際「自分は女性に対して完璧だ」と思っている男性は、１００％勘違い君だ。それくらい異性間のコミュニケーションとは、奥が深いもの。

さて、本書をしっかり読んで実践していただくと、たちまちモテる男性「モテ男（もておお）」に成長することができるわけだが、そこで確実に起こる具体的な変化には次のようなものがありますぜ。

・パートナーとの意思疎通がスムーズになる
・どの場所でも堂々とふるまうことができる
・好みの女性を誘えて、しかも喜ばれる
・職場で人気が出る
・セックスで女性を歓ばせることができる
・セックスのリピートをねだられる
・女性との関係が長続きする
・パートナーが愛おしくなる
・外見が見違えてきて、イケメンになる

・収入が増える
・ナンパや合コンでお持ち帰りできるようになる
・セフレを作れる

おっと、最後の2つに関しては、大切なパートナーがいる男性は、よからぬ気を起こさぬようにお気を付け願います。では、次の本章から具体的にお話ししていきましょう。

オトナの超♥性教育☆もくじ

第2章　女性がリピしたくなるセックス

第3章　女性の身体を知る

第4章　アナタのセックスのレベルを上げる

第5章　パートナーと継続するために

第1章 セックス上達のために知っておくべきこと

1000人じゃない、1000回だ！

私的には絶対にセックスしたくないタイプの一つに「経験人数やテクニックを自慢する男性」というのがあります。

例えば、その方のお仕事がＡＶ男優さんだったり、女性用性風俗に勤めている方であれば、女性の経験人数はビジネスブランディングになって顧客の信用に繋がるかもしれません。

ですが、一般の男性が「３００人はやったぜ」とか「俺の千人斬りテクはすごいよ？」なんて言い出す場面に遭遇しようものなら、私はとて

も性格が良いので「こいつは一度、人前でケチョンケチョンに恥をかかせたろか」とさえ思ってしまいます（しませんけどね）。

いいでしょうか。経験人数やテクニック自慢の男性で気持ちいいセックスができる人は、100％いません！　むしろ下手くそしかいないのです！　何ならそんな男性は、どいつもこいつも短小包茎ガシマン早漏野郎で雑魚セックスしかできないのです（知らんけど）。

まず経験人数ばかりにこだわる男性と言うのは、逆に1人の女性と長く向き合いじっくり研究できていないということになります。

女性は男性よりもはるかに、心の状態がセックスにとても大きな影響を与えます。その心の状態が日々変化するのが女性という生き物なので、経験人数をこなすことばかりにこだわっていると、その変化を知ることができません。

仮にですが365日、毎日セックスをするとしましょう。その期間、365人の女性と日替わりでセックスをしている男性と、1人の女性と365日セックスをしている男性とでは、どちらが上達しているでしょうか？

これは私は絶対の自信を持って、後者と言い切れます（あくまで例えで、1人の女性と365日のセックスは肉体的に無理です）。

ちょっとピンとこないですか？　例えば、少年漫画のアクションヒーローものやスポ根ものの主人公をイメージしてください。

宿敵を倒せるよう強くなるために、毎日違う技を1日だけ日替わりで練習する主人公がいますか？　もしいても、それで強くなれますか？　まずは、たった1つの必殺技を極めるために毎日毎日、同じ訓練をするからこそ上達するのです。

1000種類のキックを1回ずつ練習するより、1000回同じキックを練習する人が強くなるのと同じことなのです。

もちろん、女性との交わりは戦いではありませんが、言いたいことはイメージできましたでしょうか。なので今、パートナーがいる方は、まずはパートナーとしっかり向き合うことを大前提としていただけたらと思います。

…ええ、ええ、わかってますよ。

これを読む男性方の中には、パートナー以外の女性にモテたいとか、ここで得たテクニックをあれこれ色んな女性に試したいとか思ってらっしゃるのも知っています。もちろん、そんな使い方もOKです。

…でもね。知れば知るほど気づきますよ。それがいかに薄っぺらく、つまらないことなのか。

男として生まれた本当の喜びは、愛する人の魂からの歓びとイコールなのだと。

さて、この先も詳しく説明していきますが、女性が真に深い快感をセックスで得るためには、心身ともにリラックスできている事が必須なのです。

これは男性にも通じると思いますが、最初のセックスで心身ともにリラックスして自分をさらけ出すことができる人なんて、ほとんどいないのではないでしょうか？

いわゆるワンナイトの関係を否定はしませんが、結局は浅くてつまらないものだと個人的にも思っています（初手であまりの下手さに萎えた結果、ワンナイトになってしまった経験もありましたが…）。

なお、ほとんどの女性は「男性に恥をかかせて嫌われたくない」と思っています。なので関係がまだ浅い男性にセックスの感想（＝苦情）を正直に言える女性は少ないのです。千人斬り勘違い野郎を目指すより、1人に1000回求められる「私だけのヒーロー」男性を目指してみませんか？

キショい男になっていないか？

「何でモテないんだろう…」

「いつも2回目のデートを断られちゃうんです」

「パートナーが最近、セックスしたがらないんです」


…うんうん、よく聞くお悩みです。これに関して言うと、答えは一つ。

モテないのはズバリ、貴男が女性から「キショ！」とか「ウザッ！」と思われているからです。

そして当然ですが、初デートが楽しくうっとりする時間でなければ、女性は2回目のデートに気乗りしません。


何も完璧なエスコートをしなさいという事ではないですが、そうしたい気持ちが見えなくて、自分勝手な行動が過ぎたり思いやりに欠けていると、相手の女性の恋愛スイッチをオンにすることは難しいでしょう。

それどころか「何こいつキショい」とか「ウザい」なんて思われて、友人以下のレベルにまで嫌われてしまうかもしれません。

そして、パートナーからセックスを避けられている場合も、実は「キショい」の積み重ねであることが多く、ご自身が当てはまっていないか、よ〜く考えてみてほしいのです。

まわりくどくなっても仕方ないので、ストレートに言いますね。

この章は「セックスがうまくなるために知っておくべき事」です。そのためには何が最低限必要か？という事です。

最初に書いたように、１０００種類のキックを1回ずつ練習するより、１０００回同じキックを練習する人の方が強くなるのと同じなのです。

現実的な例で言えば、10人の女性とワンナイトできることではなく、１人の女性と10回続けられるようになることです。

そのためにはまず、女性から好感を持たれるのが大前提ですよね？

女性は「キショい」と思ってしまった相手と2度目のセックスはしません。そして、貴男のセックスがたとえまだイマイチでも、愛情が感じられれば、何度でもおおらかに受け入れてくれます。

セックスは机上でするものではありません。学んで、それを実践して、成功パターンを繰り返す。そのためにモテて、お手合わせいただくわけです。そのためにまずは、今よりモテないといけないのです。

「なんだよ、モテなきゃダメなんて、それなら俺には無理だよ！」なんて拗ねないでください。

何もいきなり最高のモテ男になりなさいというわけではありません。ただ、今の10倍モテるとしたら、最高じゃないですか？パートナーがいる方は、今の10倍好かれましょう。

そのための第一歩すら努力できない男性は、いわばモテ指数が0のまま。0に何倍かけても0です。まずはモテを1に増やし、そこから2倍、3倍とモテ力を上げていきましょう。

心配しなくても大丈夫、この本を読み終えたら、もうそれだけで0ではありませんからね。

女性がいう「清潔感」ってなんだ？

もうとにかく、この清潔感が一番大事！

女性は清潔感がない男性に対しては恋愛やセックス以前に「生理的に受け付けない」という状態になります。このレベルでアウトだったら初回デートすら夢のまた夢です。よく初回デートすら断られる、という方はまずはここから見直してみてください。

また、長年一緒にいるパートナー同士でも、女性が相手に幻滅する項目の中に「不潔なところ」が必ず入ってきます。

汚い靴下が床に脱ぎっぱなし、トイレや部屋を汚しっぱなし、汗臭い、毎日お風呂に入らない、歯磨きをさぼる、トイレの後にきちんと手を洗わない、食べ方が汚い、タバコ臭い……など、生活を共にしていると見た目ではわからない不潔な習慣まで知られてしまう分、さらに深刻かもしれませんね。パートナーとのセックスレスに悩んでいる方は、そういった部分をまずは見直してみましょう。

人は見た目が100%

次は、人は見た目が100%！なので、まずは「とにかく外見」の話です。第一印象において、人は外見が100%だからです！貴男の外見、それだけで「きっとこんな人なんだろう」と印象付けられるのですから、まず取り掛かるのは外見からなのです！

え？外見じゃなく中身を見てほしい？何をおバカな事を言ってるんですか！外見で「ないわ〜」とか「キショいわ〜」と思われたら最後。その後に貴男の内面を知ろうなんて思う女性はいません！

まずは外見で「爽やかな人っぽい」「洗練されてる」「穏やかそう」という好印象があってこそ、貴方の内面に興味を持ってもらえるのです。

貴男たちも同じでしょう？女性をまずは顔と胸、お尻と脚を見て、興味を持つのを知ってますよ。

外見で「ないわ～」と思った女性を恋愛対象として興味を持ちますか？ 外見をすっ飛ばして「まずは内面を知りたい！」なんて人は、男女ともにいるわけないのです。では、ご理解いただいたところで実践に入りましょう。

髪と眉があなたの顔である

最近は男性用のメイク用品が増えてきたとはいえ、女性と違って大きく見た目を変えることはまだまだ難しいでしょう。そうなると、素材を磨くことが大事になります。

まず取り掛かって欲しいのは、髪と眉です。女性は基本的に「清潔感のある男性」が好きです。そして、そのイメージの半分以上は、実は髪と眉で決められているのです。いいでしょうか？ 極論すると「あなたの顔の半分以上は、髪と眉」なのです。

今、あなたが「髪なんて切ってあればいい」と近所の1000円カットでバリカンを当てているだけで、「男が眉処理なんて」とほったらかしのボサボサ眉の場合は、ぜひ一度、評判のメンズ美容室に行ってみてください。金額に関しても、よほど高度な技術を求めない限り、思ったほど高くありません。顔の輪郭やイメージに合わせて、一気に垢抜けたスタイルにしてくれる美容師さんがいっぱいいます。

そして、そこで必ず、眉も整えてもらうのです。顔の印象は「眉で8割決まる」とも言われているのです。ボサボサ眉や、古臭い細眉になっていないか、今すぐ鏡でチェックしてみて！ 最近は眉専門のサロンもありますので、こだわりたい人はチャレンジしてみる価値があると思います。

「髪や眉なんてどこで切っても一緒」なんて思っていた方は特に、世界が劇的に変わる瞬間を体感できることでしょう。私は美容家としても活動していますが、プロ達のノウハウとテクニックは、素人の小手先レベルなどとは比較になりません。

さあ今すぐ、プロに髪と眉を最高にかっこよくしてもらいましょう。これなんて、自分の努力は一切いらないのですから、すぐできることの一つですよね？

美肌はモテ男の必須条件！

さて、髪や眉とともにぜひやって欲しいのが、お肌のメンテナンスです。

最近ではスキンケアを普通にやっている男性も多いかと思いますが、大体が「こんな感じでいいのかな？」と思いながら化粧水や乳液をなじませてる方がほとんどではないでしょうか。若い世代には、美容男子と言われるくらい女性顔負けに熱心にやっている方も多いですが、おそらくミドル世代の方々は雑な方がほとんどでしょう。

…でもよく考えてみてください。女性だって年齢を重ねるごとに、効果の高い化粧品を選ばないと、目に見えて老けっぽい感じになります。ならば男性だって同じ。中年になるほど、きちんとしたスキンケアが必要になるのも当然です。

とはいえ、女性と同レベルにエステや美肌化粧品にお金と時間をかけるのは難しいという方が多いでしょう。ですが正直、お肌がブツブツ＆ザラザラ、脂でテカテカ、毛穴ボコボコ、唇ガサガサ、なんてのは清潔感からほど遠いのです。

スキンケアだけでなく、日常的に食事に気を付けると肌は見違えますが、これについてもぜひ研究して取り組んでみてくださいね。さて、私がオススメするスキンケア美容はこの３つ、男性でも最低限これだけは

やりましょう！　というものをご紹介します。

①優しく泡洗顔

男性は女性より油分が多いのが特徴ですが、そのためかゴシゴシ洗いをしてしまう人が多いようです。すると洗い立てはさっぱりしたような感じになりますが、肌から必要な油分まで一気に取ることで、毛穴にある皮脂腺が反応して余計に油分を出してしまいます（オイリー肌に）。また、ゴシゴシと肌を傷つけてしまうためにシミの原因にもなってしまいます。なので、今日からゴシゴシ洗顔は厳禁。洗顔ネットなどでしっかり泡立て、優しく洗顔しましょう。

また、吹き出物ができやすい方は、夜の入浴前にクレンジングを使う事をオススメします。使うアイテムはすべて、高級品じゃなくて一般的なもので大丈夫ですよ！

②高濃度ビタミンC

これは男女ともにお薦めしていますが、シワにもシミにもビタミンCが効果的！　肌を若返らせます。高濃度ビタミンCの美容液を洗顔後に使いましょう。

③保湿

保湿というと、エイジングケアのウン十万円の高級クリームなんかも世の中には存在しますが、成分にこだわらず単に保湿という観点から言えば、肌の潤いを閉じ込められればＯＫです。薬局で売っているワセリンをお肌全体に伸ばしたり、ドイツ生まれの青い缶のクリーム（ニベア）だってその効果を発揮します（私も試したことがありますが、実は保湿だけなら十分なのです）。

もちろんエイジングケアの美容液などは美肌にとても効果がありますが、ご自身の予算に合わせて選んでください。

また、この後の提案に出てくる「脱毛」という手段もあります。特にお髭が濃い方は、毎日の顔剃りで肌にかなりダメージがありますし、毛穴もどんどん目立っていきます。本格的に美肌を目指すなら、髭脱毛は特にお薦めです。

体毛について

さて、肌に関してお伝えしましたが、ここではあまり高額なものは薦めておりませんでした。

ですが次の「脱毛」に関しては、お安くない場合もあるので、よく調べて挑んでいただけたらと思います。

かつては体毛は男らしさの象徴、のような時代もあったみたいですが、現代では「濃い体毛はNG」の女性もかなり増えてきました。

そしてこれは、女性自身の脱毛の意識が高くなったことも関係しています。実は私自身もそうなのですが、自分が全身脱毛してみると、男性の脇やVIOまで気になるようになってしまいました。周りの脱毛済みの女性たちも同意見だったので、個人差はあるものの以前よりも体毛が苦手な女性が確実に増えています。

お金がかかることではありますが、可能なところから始めてみてはいかがでしょう。なお、脱毛に関してのジャンルを大まかに紹介しておきますので、ご自身にあったものからやってみてはどうでしょうか。

○医療脱毛（強力レーザー）…確実に早くヘアーが無くなるので一番おすすめ。ただし施術には痛みが伴う。特に黒ずみがある場所は痛い。価格もサロンより高額。

○エステ脱毛（弱レーザー）…医療に比べ時間がかかるが、痛みが強くないものが多い。価格は最近は安いものも多いが、また生えてきた、減毛にしかならないなど効果が弱い場合もある。
○自宅用脱毛器（弱々レーザー）…自宅でできるのでデリケートゾーンを見せる恥ずかしさはないが、出力や、範囲も狭い事や連続照射が短いので手間に感じる人も多い。効果はエステの簡易版といったところ。
○ワックス脱毛…ある程度伸ばさないと施術ができない。痛みを伴う。自宅でも専用の道具があればできるが皮膚へのダメージも大きい。効果は1～2週間ほど。
○シェーバー…ご存知のように手軽で痛みもないが、1～2日で生えてくるのがほとんど。応急処置と思った方がいい。

…さあ、やれるレベルからチャレンジしてみよう!!「男が下の毛を処理するなんて…」とお思いのそこの貴男！実はＶＩＯこそ大事。さゆり先生がオススメするＶＩＯ脱毛のメリットは…

・とにかく清潔
・臭いが少なくなる
・女性にとってフェラチオや愛撫がしやすい

・挿入時の密着度が高いので感度が上がる
・ペニスが根元まで見え、大きく見える

…と、実はメリットだらけ!! お勧めです！

歯、爪、匂いは色気を醸すポイント

日常のケアで簡単にできる清潔ケアはこれですね。

まず歯ですが、特に煙草を吸う方はヤニ汚れがあると、キスをする前のイメージが「ヤニ臭そう」になります。そう思わせてしまう男性と進んでキスしたい女性なんていませんよね。

歯磨きは、地味でも継続は力なりです。歯並びが極端にひどい場合は、矯正すればかなりイメージが変わります。ワイヤーなしで「自宅のみ、マウスピースタイプでこっそり矯正」もありますから、調べてみましょう。ホワイトニングなどの審美歯科も、できる余裕がある場合はかなりお薦めです。

また当たり前ですが、口臭は特に気を付けましょう。デートの前日にわざわざニンニクマシマシで食べる人もいないとは思いますが、前日の食事にも気を付けましょう。

日常のケアはデンタルフロス、歯と歯茎のブラッシング、舌のブラッシング（専用のモノあり）まで、必ず行うようにしましょうね。また口臭だけでなく、体臭にも気を付けたいところです。

とはいえ、あまり強い香水を振りまくのも、げんなりさせてしまいます。

男性にお薦めなのは、さわやかな香りのボディクリームです。最近は特に柔軟剤や消臭芳香剤などの化学物質アレルギーの方も増えていますので、天然由来のアロマを使った商品がオススメ。耳裏から首、鎖骨、脇あたり、鼠径部、などに伸ばしておくと、時と共に自然に、ほんのり心地よくセクシーな香りになりやすいのでオススメです。

そして、特に気を付けて欲しいのが爪です。これは私が口酸っぱくいつも言っている事ですが、女性は貴男が想像する10倍以上、貴男の手をチェックしています。そして、手が綺麗な男性にはセクシーさを感じるのです。貴男の爪が伸びっぱなしだったり、爪に汚れがたまっていたりするのを見ると、女性からすればゴミ虫以下です。

女性は、素敵だなと思った男性とのセックスを、まずは手からイメージするのです。この手で、この指で……自分が触れられるシーンのイメージに直結するのです。なので爪は、限界まで短く深爪に、まめにヤスリもかけておきましょう。

私が以前、女性陣に採ったアンケートでは「爪が伸びてる男性は無理！」と言う女性がとても多かったです。その中でも「一番キショい！」という意見が多かったのが、小指の爪だけ伸ばしている男性。貴男はまさか……違いますよね？

モテる服選びのコツ

もう一言で言います。センスがないなら、柄物は着ないでください。

服選びでかなりの印象を占めてしまうので、清潔感を持たれる服装をきちんと理解しておきましょう。

まず大前提として「柄物は一般人にはダサくなりがち」です。貴男はきっと、柄物のシャツを持っていて、ちょっとおしゃれしようかな？という時にそれを着ている可能性が高いと思われます。

なお、ここでいう柄物とは、Tシャツのデザインプリントなどは除きます。チェック柄とか、花柄とか、幾何学模様とか、その他謎の柄とか、とにかく一面に柄が入ったものを指します。

…うんうん。わかってますよ。あのイケメン芸能人も上下柄物なんて奇抜なファッションをしてて、かっこいいですよね。雑誌でよく見るモデルさんもそうだよね、かっこいいもの。

…はい、そういう事です。あなたは初心者なのに、いきなりエベレストに登るようなもの。その柄物は、せめてここまで力説してきた「髪、眉、肌、歯、爪」を完璧に整えてからチャレンジしてください。すでにチョーゼツイケメン、という場合以外は、柄物はほぼ撃沈します。

さて、服の合わせ方が苦手な方は、このルールを守ること。

★色は2〜3色まで

柄物がダサく見えやすいのは色数の多さもあります。おしゃれ慣れしていない男性の場合は、基本的にモノトーンを中心にコーディネートし、小物やアクセサリーで差し色を作りましょう。これならどんなに組み合わせが苦手でも何となくまとまって、落ち着いたかっこいいスタイルに見えやすいです。しかも買い足しも楽ですよ！

★サイズがあっているもの

以前より体型が肥満ぎみになったなら、無理してパツパツの昔の服を着るのはやめましょう。ボタンがビンビンに引っ張られているシャツなど、清潔感からほど遠いです。オーバーサイズのシャツなどを活用してみましょう。

また、丈が短すぎたり、逆にブカブカだと貧相に見えたりもします。これは男性だけじゃないですが、ボディに合ったサイズは一番洗練して見えるものです。

★ヨレヨレ、汚れ、ダメージに注意

うん、もうこれは論外なのですが、たまにいます。以前、私が主催した婚活パーティーにヨレヨレシャツにクロックスで来場した男性がいましたが、あまりにも場違いで皆様に失礼という事で、帰っていただきました。あれはきっと「飾らない俺、かっこいいだろ？」という逆張りをしたのでしょうけれど、人前でヨレヨレ、うす汚れ、ボロボロの服などはただの非常識にしか見えません。

時々「お気に入りのシャツで、もう10年以上着てます！」という方もいますが、それはパートナーと結ばれてしばらく後にお披露目しましょうね。一度愛されると、女性からそんなところも愛おしいなんて思われたりするのですが、興味がない男性のそれは、ただの清潔感がない人になっちゃうのが現実です。

★ジャケットを普段着に

男性のスーツ姿は３割増しでイケメンに見えます。

常時スーツ着用の会社員の男性とお付き合いが始まったものの、プライベートの私服姿に幻滅した、なんて話は実はよくあるパターンです。それくらいシャツ、ジャケット、ネクタイ姿は、男性をかっこよく見せることが出来るわけです。

とはいえ、プライベートでも毎日スーツを着る人なんて、なかなかいないかもですが、ジャケットはぜひ日常的に取り入れてほしいのです。

理由としては、「オシャレに見える」「凛々しく見える」「大人っぽい」「お金持ちっぽい」など印象がかなり良くなること。そして、いいレストランを見つけた時やドレスコードがある場所でも、ジャケットさえあればすぐに対応可能。

カッコよく洗練されているように見えて、かつ女性からも好感度が高いアイテム、使わない手はありません！　まずはジャケットの普段使いに慣れるといいと思います。カジュアルブランドの手ごろな物から使っていくのもいいでしょう。

普段着の無地のＴシャツの上に羽織るだけで、グッとイケメン風になりますよ。

本当に清潔でいよう

清潔感、という事で外見の大切さを伝えてきましたが、実際にも清潔第一を心掛けましょう。お風呂に数日入らない、歯磨きを丁寧にしない、服を脱ぎっぱなし、家の片づけをしない、トイレを立って使用して飛び散らかす、トイレの後に石鹸で手を洗わない、アンダーヘアが散らばっている、とにかく臭い……などは、パートナーになってからも嫌われる大きな原因です。

清潔感は、まずは外見から気をつけねばなりませんが、実際に不潔なのは論外です。でも実は、自分が清潔な生活ができているかどうかは、自ら日常的に家事をしていないと気付かない事も多いのです。

そう考えると、せめて自分の身の回りの事は全部自分でできるようになりたいものです。家事ができるというのはつまり、生きていく上で土台となるスキルなんですよね。自分の事すらできない人間が「君を守るよ」なんて、よう言えたもんですわ。現代では、家事こそが自立した男の証でしょう。

実際、料理や掃除が得意な男性の方が、はるかにモテるのです。

健康体＝セクシー

女性の行動原則には「優秀な遺伝子を残したい」という本能が確実に影響しています。イケメンやお金持ちがモテてしまうのは、この本能があるからです。

顔の造形がいい方が遺伝子が優秀に感じるし、お金があるという事は稼げる、生活能力が高くて優秀、と判断します。原始時代は大きな獲物を捕ってくる男性は、多くの妻を娶っていたとか。これが現代は獲物＝お金と言ったところでしょうか。

さて、イケメンやお金持ちだけでなく、もう一つモテる要素があります。それは筋肉。「ムッキムキのマッチョは気持ち悪い！」と言う女性も多いですが、細く引き締まったウエストと腕や肩の太い筋肉は、男を感じさせる大切な要素でもあります。何より、男性の筋肉は健康体の証。本能的に優秀な遺伝子を残したい女性は、健康体の男性に魅力を感じやすい、というわけです。

何もムキムキのマッチョになる必要はありませんが、基本的な筋力はセックスにも高い効果をもたらすので、ぜひお勧めいたします。筋トレをすると勃起力や持続力も高まりますので、男性的にも嬉しい要素が多いのではないでしょうか。

紳士であれ

さて、いくら外見を整えても「紳士である」ことを意識しないと、たちまち「キショい」と思われてしまいます。貴男の意識は言動に無意識に表れてしまうのです。

「紳士」とは……社会的に高い地位にある男性、また礼儀やマナーを心得ている者を指します。つまり、社会的に高い地位にある男性のごとく、余裕のある振る舞いをし、女性に対してのマナーを心得るという事です。

これが身に付いている男性は、皆めっちゃめちゃモテます。70代、80代でも紳士的な男性は、若い女性にも人気があります。お金だけ持っててもダメなんです。

でもね、少し話は逸れますが、私は知っています。

…貴男達が10分に1回はエロい事が頭の中をよぎっている生き物だという事を。それ自体は全く悪いことではありません。ですが、それだけに気を付けていないと、貴男の下心やエロい妄想が、普段の行動にチラ見えしてしまうのです。それを女性達は、気づいていながら知らないふりをしています。

女性が好意を持ってくれている場合は、その下心は二人の距離を縮めるためになくてはならないサインです。でも、まだ好意とまではいかない関係性でそれが見えてしまった時、女性は内心「何こいつ、キショいな」と感じているわけです。

もうちょっと具体的に示しますね。シチュエーションや立場は人それぞれだと思いますが、反紳士的な「キショい言葉や行動」例を紹介します。私が以前、女性たちにSNSで募集したところ、色んな「キショい」が寄せられました（心当たりがあったら□にチェックしよう）。

【見た目でキショい】

□爪が伸びてるのは不潔で嫌！小指だけ伸ばしてる人は何なの？
□髪が脂でベターとしてる人は無理。洗ってるの？
□頭ボリボリかいたりとか、フケが落ちてるとかゾッとする！
□ロン毛とただ伸びてるのは違うことを理解してない
□人に見られる場所で鼻ほじってるなんてあり得ない
□髭を伸ばすなら整えて欲しい
□サイズがパツパツの服。特にシャツとか、お腹見えそうな人
□前歯が欠けたまま。歯医者行け！

□ズボンの股間付近にシミがある。絶対オシッコ飛ばしてる！
□肌が汚いのは無理。何か対策したらいいのに
□禿げ隠しに必死で変な黒い粉かけてたり、不自然な髪形
□シンプルにデブ
□臭いの無理。特にワキガは手術か脱毛するしかない

【言葉・行動がキショい】

□店員さんなどに横柄
□年上ってだけで上から目線なのドン引き
□自分の思い通りにならないと不機嫌になる。幼児でちゅか？
□食べ方が汚い、クチャラー
□歯に挟まったものを爪で取っていた
□口を覆わずにくしゃみする。汚い！
□自分の自慢話ばかりする人。まったく楽しくない
□俺、○○の友達だよ、と著名人の名前を出したがる虎の威を借る狐男

□女性が不機嫌だったり疲れてそうだと、すぐ「もしかして生理？」…キショ！
□パートナーの悪口や、元恋人の悪口を言う
□「俺、上手いよ」って言うやつ、１００パー下手！
□風俗に来てヤルことヤッておいて、女の子に「こんな仕事、辞めた方がいいよ。親は知ってるの？」……はぁ？？
□何か注意されると、すぐ逆ギレする
□何の話でも自分の思い込みで決めつけてくる
□ドアの開け閉めや物を置くときなど、何かと大きな音を出す
□お金を放り投げて渡す
□１円レベルまで割り勘を要求
□何を話しても全部マウントで返してくる
□車の運転が荒い
□若い頃の武勇伝を、訊いてもないのに毎回語る

…と、まだまだありますけれど、こんなところにしておきましょう。一つでもチェックがあっ

た場合は、デートを断られた原因に違いありません。

〜まとめ〜

え？　セックスの事、教えてくれないのかって？　いやいや、まずは相手が貴男と「セックスしたい」と思わないとテクニックだけ聞いても意味がないでしょう？　そのためのステップなのです。「セックスがうまくなるために知っておくこと」と聞いて、凄い前戯のテクニックでも書いてあると想像しましたか？　全然違いましたね。

まずは反復です。同じ女性とセックスの回数を重ねることが大切なのです。そうすることで、女性の性の奥深さに気付けるからです。テクニック論はそのだいぶ先にあります。

でも、相手から「キショい」「ウザい」と思われてしまうと、その一回すらできません。女性から好かれモテることができて、女性の求めるセックスの入り口に立てるのです。女性は肉体よりも先に、心を抱くものだとも言われています。全てはそのために必要なセックスへの階段です。

これまでに述べた内容を着実に実践していけば、自分に自信が持て、周りの女性から信頼を得られ評価も上がります。さあ、まずは女性に好かれる清潔感と紳士的ふるまいに努めましょう。

第2章 女性がリピしたくなるセックス

おそらくあなたはヘタクソです

ごめんよ。本当にごめん……でも、正直に言うよ。

「ほぼ全ての男性が、セックスがヘタクソなんだよ！」

これは何も私が贅沢を言ってるわけじゃないの。女子トークをしていても「すごく良かった」と評価されている男性なんて、めったにいません。私も含めて、女性が思い出すたびうっとりしてしまうようなセックスをしてくれる男性なんて、全体の１割以下な気がします。

でもねでもね、貴男たちが悪いわけではないんですよ。今の日本の社

会構造的に、そうなるのは当たり前なんです。問題点はいくつもありますが、私が特に提起したい問題点は次の3つ！

①学校の性教育のレベルが低すぎる
②AVがお手本になっている
③女性が受け身の感覚しかない

これらを変えるだけでパートナーシップは物凄く向上するはずなんですよね。「それってつまりどういうことなの？」をちょっと書かせてくださいね。

性教育のレベルが低すぎる

まず言えるのが、この国の性教育のレベルの低さです。性教育、といっても日本の学校では形ばかりのものです。小学校から高校までの期間、ほとんどの学校では生理、精通から、妊娠の仕組み程度までしか授業で行われることはありません。

もし生徒が「先生はいつからセックス始めたんですか？」「セックスする時、どんな気持ちですか？」と真剣に質問しても、恐らく真摯に答えてくれる教師はいないでしょう。逆に「変な質問するんじゃない！」って、怒られちゃうんじゃないでしょうか。実際は先生たちも親も、皆セックスしているのにね。子ども達だって中学生、高校生ともなれば、すでに性体験済みの子もいるはずなのに、なぜかタブー扱いされたまま。これって変ですよね。

ならば家庭ではどうか？というと、性について話す機会はやはり少ないのではないでしょうか？その結果、親は年頃になった子どもたちに彼氏彼女ができた途端「避妊とか、わかってるのかな？」とソワソワ心配するだけという結果に。

以上からも、性教育が必要なのは子どもたち、という風に思われるかもしれませんが、実はそうではありません。まず大人こそ性に関しての「学び直し」が必要だと思うのです。この国には肝心な事を何も教えてもらえず、間違った性知識を信じ込んでいる大人たちが、わんさかいるのです。

本来、セックスの本質は異性間コミュニケーションであり、そのためには異性との違いを理解することが必要です。性教育とは、まずはそこから始まるべきなのです。

異性の身体の仕組みから、したくなる時の心理状態、いざセックスになった際に嫌がられる行為、歓ばれる行為、そして恋愛とセックスの関係……などなど、学ぶべき必須項目はいっぱいですよね？

例えば、女性の生理について、いい歳した40、50のおじさんでも正確に理解している人はどれだけいるでしょうか。東日本大震災の時に役所の年配のおじさんが女性への生理ナプキン配布の際、1人1個ずつ渡したと言う話を聞いた時には本当に呆れました。紙ナプキン（しかも普通サイズ）1個で月に1度の生理をしのげると本気で思っているなんて…。しかし、こういった無知も、性をきちんと学んでいない事やタブー視され続けた結果なのです。

一方で女性側も、男性の身体や性欲についての理解も薄いまま…。女性と同じように「男性も、基本的に好きな人とセックスをする」と思い込んでいると辛い目にあいます。

「男性は愛があってもなくても気持ちよくセックスをすることができる」とはっきり女の子に教えてくれる大人がどれだけいるでしょう。

だからこそ男の子には、倫理観や女性の身体の事をきちんと教えないといけません。というよりも、そういったことこそが本当に必要な性教育ではないでしょうか。肝心な男女の恋愛感情や性欲の違いを知らないまま、妊娠の仕組みだけ知ったところで、実践の場で混乱するだけです。

AVがお手本になっている

きちんとした性教育がされてないのに、あちらこちらに簡単に見られるAV（アダルトビデオ）動画が氾濫しているのも、間違いだらけのセックスの大きな要因です。きちんとした性教育がないため、セックスのお手本は今やインターネットで自由に見られるAV動画だったというパターンが多いのです。

私は男性の皆様にいつも言っているのですが、AVをお手本にして、あのようにすれば女性が気持ちいいのだ、と勘違いしている男性は、全員死刑です！　あれを真に受けているのは、スーパーヒーロー物のようなSFファンタジーの世界が現実だと思っているくらいおバカな行為です。２次元中毒の子ども部屋おじさんと同じくらいの中二病です。

私も男性向けAVを見ることがありますが、ほとんどが1ミリも欲情しません。だって全然、気持ちよさそうじゃないんだもの。

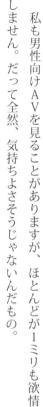

ＡＶのほとんどのジャンルが、女性が実際にして欲しいセックスから、かなりかけ離れています。女性の胸やお尻やモザイクの性器部分を見せつけるようなアングルになっていて、なので愛撫の仕方もそれを見せるために不自然で気持ち悪い。高速で舌を動かす姿も「お前はイジリー岡田か！」と突っ込みたくなるほど、派手だけど意味なし。

バストのわしづかみ、ぐりぐりと押し当てるバイブレーター、見てるだけで痛そうで叫びたくなるガシガシと膣に指を出し入れする描写（これ、いわゆるガシマンと呼ばれる、一番ヘタクソのやるヤツです…）。

その流れで、白々しいほどの潮吹き。女性へのクンニリングスはそこそこに、フェラチオだけやたら長くて、すぐに挿入。挿入したらすぐにガッツンガッツン動いてパンパンパンッ…‼ あああ……全く興奮しねえええええ‼ もし、現実のセックスで同じような事ばかりしている男性がいらっしゃいましたら、今すぐ猛反省してください。殺意すらわきますから。もう一度言います。

「ＡＶは男性向けのファンタジー、非現実的なフェイク動画」です。

女性が受け身の感覚しかない

とはいえ、セックスは二人でするものですから、低レベルすぎるのは男性だけの責任ではありません。先に書いた性教育のレベルの低さは、女性にも影響が大きいのです。

日本人は長年、セックスというテーマをかなりタブー視してきましたが、特に女性が性について考えたり意見を言うことは「はしたない」とされてきたのは今でも変わらないのではないでしょうか。

ほとんどの男性が下手すぎのままなのも、女性がきちんとフィードバックすることがなかったり、痛くて気持ち良くないセックスでも我慢して気持ちいい演技をしてしまうことが大きな要因です。

しかもその状況が続くと、きちんと話し合う事もないまま、これ以上気持ち悪いつまらないセックスをしたくないばかりに、セックスレスになってしまうパターンも多いのです。なので、本来は女性が本音を言いやすい環境でありさえすれば二人の性生活はかなり変わってくるはずです。

そのためには男性側が行為中も「痛くない？」「嫌じゃない？」「もっとしていい？」など優しく質問することで答えやすくするといいと思います。間違っても「オラオラ、ここがいいんだろ！もっと声出していいぞ！」などとひとりよがりの勘違い言葉責めで心身共にしらけさせないようにしましょう。

そして、女性は1か月の短い間でも心と身体のバイオリズムがあります。この前はよくても今日は痛い、なんてこともあるので、その都度、不機嫌になったり拗ねたりするなんてもってのほかですよ。そのためにも、一人の女性と長い時間をかけてしっかり向き合って欲しいとお伝えしているのです。

例えば生理前で胸が張ったり腰が痛かったりすることにも気づいてくれて「今日は胸が張ってるから優しくするね」と言ってくれるだけでも、女性は安心感を得られるのです。そういった部分をわかってくれるパートナーとなら、日々のセックスがどんどん好きになりやすいのです。

テクニックよりも大切な事

ここからは3人のリアル男子塾生たちを交えながら解説していきましょう。赤裸々なお悩みにも答えていくよ！

【塾生紹介】

マナブ（仮名）…29歳、システムエンジニア。婚活パーティーで知り合った彼女と婚約中。性に関しての知識はまだ浅いごく普通の青年だが、婚約してからパートナーの新たな面に触れて戸惑うことも多いそう。

ケンゴ（仮名）…36歳、不動産会社勤務。５歳の子ども1人と妻のリカコ（仮名）の３人暮らし。厳格な家庭で育ち、男兄弟だったためもあり女性の気持ちには疎くちょっと古臭い感覚があるよう。パートナーとのすれ違いに悩んでいる。

トモヤ（仮名）…26歳、塾講師兼バーテンダー。自他ともに認めるモテ系男子。３人の中でも女性の気持ちには一番敏感。とは言え特定のパートナーはなしで、複数のＧＦと楽しく過ごしているのでトラブルもあり。

さゆり　皆、今日はよく来てくれたわね！　３人それぞれの意見なんかもどんどん聞かせてね。ただ、私はビシビシ本音で答えていくけど、途中で心折れないでね！

3人　は～い（ちょっと怖いな…）。

脳の前戯

さゆり　ではここからすご～く大事な話をします。女性がリピートしたいセックスとはどんなセックスなのか？　と訊いた時、男性の多くが的外れな答えが多いわけですが……そこで皆に質問です。どんなセックスを女性はリピートしたいものだと思う？　はい、じゃあマナブ君から。

マナブ　えっと……難しいな。やっぱり好きな相手ってことじゃないすか？

ケンゴ　ぶっちゃけテクニックじゃないの？　あと、あそこの大きさとか。

トモヤ　それは無いでしょ。たぶんあれじゃないっすか？　前戯の丁寧さとか。

さゆり　ほうほう。まあ、全員間違いではないかもね。皆、中々……でも、ケンゴさんのは間違いではないけど、そこはかなり優先順位が後ろの話

かな。もちろん答えは1つじゃないんだけれど、私が一番大切だと考えてるのは安心感。セックスの初めの緊張をほぐしてくれたり、リラックスして思い切り感じることが出来たり、終わってからも幸福な気持ちになれたり……始めから終わりまで、常に意識してほしいのが相手を安心させる事。

マナブ君が言うように、好きな相手だと嬉しいけれど、安心感を与えてくれる男性の事はセックスするたびにもっと好きになっちゃうし、トモヤ君の言う前戯の丁寧さも安心感があれば思い切り堪能できる。なので男性器の大きさは……まあ、その後の話かな。いくらサイズが大きくても乱暴だったら痛いだけだからね。

トモヤ　なるほど、安心感か。僕、女の子には優しい自信がありますけど、具体的には男のどんなセックスが安心できるんですかね？　それには前戯を丁寧にするってのもかなり大事じゃないですか？

さゆり　もちろんそうよ。だけれど、先にテクニック的な話が出ると、もうそればっかり意識しちゃうから、それよりも大切なところを先に話

したいの。では、今からは基礎になる女性の性の本質的な話をするね。これを知っておくとパートナーとの性生活はどんどん発展していくし、ぶっちゃけ他の女性にもめっちゃくちゃモテるようになるわよ。

ここからはパートナーを歓ばせるための性の話をしていきたいのだけど……たぶんこう言うとほとんどの男性がテクニック論だと思うけど、そんな事よりも大前提でわかっていないといけないことがあるの。それは……女性は脳を反応させないと本当の快感を得ることはできないってこと。

マナブ　それってよく言う「好きな人じゃないと嫌なの」ってやつですか？

さゆり　うーん、ちょっと違うわね。そもそも「女性は好きな人としかセックスしない」と言うのも男性の幻想だから。その通りなら風俗業の女性は皆嫌々ながら辛い思いで仕事をしていることになるでしょ？　皆がそんな事はないし、女性はセックスをしてからの方が相手を好きになりやすいのよ。

マナブ　ああ、なんとなくだけどわかります。付き合ってエッチしたらさらに彼女のイチャイチャ度が増しますもんね。

さゆり　とはいえ、お試しで誰でも受け入れるなんてできないわよね？　やっぱり素敵だなと思う相手とそうなりたいって思ってるわ。

トモヤ　どんな男性がそう思われるのかってことですよね？　さゆり先生が教えてくれた清潔感のチェックは、だいたいクリアしてきましたよ。

さゆり　素晴らしい！　じゃあ、次は実際にどんな態度で接しているかって事よね。それでまず皆にやってみて欲しいのは、女性に細かく質問するって事。

ケンゴ　ん？　質問？　じゃあまずは相手の年齢とか男性の好みとか？

トモヤ　ケンゴさん、それたぶん違いますよ。年齢は人によっては聞かれたくない場合もあるし、まだ仲良くないのにいきなり男の好みとか聞かれたらキショくないですか？　会社とかだとセクハラだし。僕のバーでも女の子がよく愚痴ってますよ。上司のセクハラがキモイって。

ケンゴ　え、これセクハラになるの？　まじかよ。

さゆり　ケンゴさんは中々に昭和のオヂの香りがするわね、若いのに。

ケンゴ　うっ…。

さゆり　質問というのはね、例えばデートをしている時にも色んな質問をする機会があると思うの。その内容が相手への気遣いなら、女性にとって「わかりやすい優しさ」に感じるのよね。そのために質問するわけ。

女性の好きなタイプには必ず「優しい人」という項目が出てくるのだけど、その優しさってまずはわかりやすい優しさなのよ。例えばデート中に「寒くない？」「暑くない？」「お腹すいてない？」「疲れてない？」「まだ歩ける？」「食べられないものある？」など、相手に質問をする事を心掛けていると、わかりやすい優しさの表現になるでしょ？

関係が深まる前の女性は相手が恋愛対象の男性か、どんな人なのかよ〜く観察しているものよ。そこで前述したキショい男性の行動の中にあるように、店員さんに横柄だったり、誰かへの僻みや他人の悪口ばかり言ってたら萎えちゃうわよね。

マナブ　なるほど〜。でもちょっと抵抗あるな。なんか女の子に媚びてるみたいに感じちゃう。本当の優しさってそういうんじゃないと思うんだけど。

トモヤ　そうすか？　優しさって言うか、僕は日常的に聞きますよ。寒くない？　とか疲れてない？とか、ランチは何系が好き？　とか……あ、だからモテるのか。

ケンゴ　感じ悪いな。

さゆり　トモヤ君がさらっと質問できるのは、要するに慣れなのよ。日常的に周りに女性がいて、かつそれがお客様であることも多いから自然と気遣いが習慣になってるのよね。マナブ君が言う「本当の優しさではない」というのもある意味正解なんだよね。だって、下心の為だけにこんな風にわかりやすい優しさをアピールする男性も大勢いるもの。

マナブ　ですよね。僕はやっぱり本当の中身を見て欲しいな〜。

さゆり　でもね、実はこのわかりやすい優しさっていうのは外見と同じなのよ。まずそれがないと、その先の優しさに気づいてもらえないの。見た目が清潔感ゼロだったら口もきいてもらえないのと同じ。まずはわかりやすい優しさを行動で見せてからしか、本当の内面の良さを知ろうとされないって事。

マナブ　あっ……言われてみればそんな気も…。

まず褒める

内面が成熟した男性は褒めるのが上手。さりげなく相手の外見や目立っているものを褒めます。男性だって自分がデートに着てきた服やセットした髪型を褒められたら、いい気分で過ごせますよね？

女性は特に、デートの時など何日も前から外見をメンテナンスしています。それなのに何も褒めてくれないとがっかり、です。「その服似合うね」「髪型、可愛いね」「ネイルいい色だね」などはもちろん定番です。

「褒めろと言われてもどこを褒めていいかわからないよ」と言う男性もいますが、目についたところは何でもガンガン褒めましょう。褒めすぎて失敗する、なんてことは全くありません。もし、個性的すぎるファッションの女性でも、まさにその、人と違うところこそ褒めてください。

褒める点が合ってるか不安？ 大丈夫。あなたに会う時にそれを目立たせているのは自分でもいいと思ってるから目立たせてるんです。

例えば髪色を奇抜で鮮やかなカラーにしている人は、当然本人の中でいいと思っているから染めているわけです。褒めるということは、あなたと一緒にいることで女性が自信を貰えるという事なのです。

誰だって自分が自信を持てる相手とずっと一緒にいたくなるのは当然だと思いませんか？ 女性を褒めるにはテクニカルなやり方もたくさんありますが、慣れない人がひねったことを言おうとすると、たいてい失敗して地雷を踏みます。なので、まずは相手の目立つところから褒めましょう。

もちろん、内面的なところもいい部分は際立っているはずです。「話し方がハキハキしてていいね」「食べ方が綺麗だね」「さりげなく片付けてくれるの素敵だね」「素直で可愛いね」「店員さんに優しいね」なんて言葉も、ちゃんと内面を褒めているのですよ。

つまりは、相手のいいところに気づいたら外見でも内面でも、とにかくすぐ褒めることです。それだけで相手は「私の事よく見てくれてるんだな」と感じてきます。焦らない、焦らない。まずはそこから!!

褒めるの応用編

ところで「モテそうな女性にはあえて褒めない」というテクニックを真に受けて使っている男性もいるようですが、はっきり言ってアホです。貴男が芸能人レベルのイケメンならいざ知らず、相手を褒める事すらできない人は男女どちらからも好かれません。

「でも、可愛いねって言ったらキモそうな顔されるし」などと言う男性もいますが、それは「可愛いね」という言葉がキモいのではなく「貴男自身がキモかった」のです。

ですので、そのキモさが出ないように褒めるにはコツがいります。まず、褒めてキモいと思われる男性というのは「下心丸出し」だからです。「とりあえず可愛いって言って、気分良くさせて仲良くなろう」という下心が見え見えなのです。「褒めている」と「媚びている」の違いは一目瞭然ですぐにバレてしまいます。

だからこそ、まずは相手の目立つところを最初に褒めるといいのです。相手が目立たせている部分、例えば金髪、派手なネイル、個性的なファッション、真っ赤な口紅、などです。

ここでは、あなたの好みなんかどうでもいいのです。時々「俺はもっと清楚系が好きだな〜」とか言い出すアホもいますが、言われた側の女性は「いや、お前の好みなんか聞いてねえよ！」と全員が思っていますよ。

いいですか？まずは彼女が好きで身に着けているもの、持っているもの、彼女自慢のファッション、などを褒めるのです。そうすることで「女にはとりあえず綺麗、可愛い、付き合いたい、とか言っておくキモい奴」ではなく「私の個性に気付いて受け入れてくれる人」という印象になるのです。

そして、お互いが打ち解けてきてから、内面を褒めるのです。「内面なんて最初からわかりません」などと言ってないで、まずは簡単なところから始めましょう。そもそも、まだ好きでもない、さほど面白くもない異性に笑顔で話を合わせてくれる女性は、それだけですでに女神といえるでしょう。もし彼女が貴男との会話でにこやかに対応してくれたなら、それを素直に感謝して褒めると良いでしょう。

「俺のこんなしょうもない話を笑って聞いてくれるなんて、本当に優しいね」と言ってみてはどうでしょうか。それだけで彼女にとっては褒め言葉になるのです。

「え、全然しょうもなくないよ！　楽しいよ！」と言ってくれたら、その後もっと盛り上がればいいでしょうし、逆にここで「あはは…」と否定せずに愛想笑いだったら「やっと気づいたのかよ、お前の話つまんねえんだよ」と思っていることでしょう。

でも実は、そうなった後でも挽回できます。あなたの話が面白くなさそうな場合は、彼女の大学や仕事の事、真剣に取り組んでること（趣味や勉強していることなど）について質問してみてください。そしてそれがどんな内容でも「それは大変そうだね」とか「続けられてすごいね」とか「頑張れててかっこいいね」などの言葉で返せば、彼女にとってはピンポイントな褒め言葉になります。

この応用編で気づいてほしいのは、女性は自分だけの何かを見つけて褒めてほしいということ。モテる女性が「可愛い」「綺麗」など多用される言葉では反応が悪いのは、あまりにも言われ慣れてるから。

そんな訳で、一般的な褒め言葉だけで終わってはいけません。彼女だけの些細な長所に気づいてあげられる事が、モテ男への最初の一歩です。女性が皆、可愛い可愛い、いい子だね、頭ポンポンなどされるのが好きなわけじゃありません。好きでもないキショい相手から頭ポンポンなんてされたら舌をかんで死にたくなります。そうではなく、自分の個性を認めてくれる人こそ、特別な人なのです。

ちなみに外見ひとつとっても「可愛い」と言われたい人もいれば「綺麗」や「美人」や「個性的」と言われたいなど、人それぞれです。ちなみに私は「かっこいいね」と言われるのが大好きです。ふふ。

基本はレディーファースト

難しく考えず、常にレディーファーストを心がけましょう。例えば…

・レストランではドアを開けて先に通す
・エスカレーターでは登りでは彼女の後ろに、下りでは彼女の前に
・歩くなら自分が車道側
・階段や足場の悪いところでは手や肩を差し出す

・レストランではメニューを彼女が見やすい向きにする
・ソファ席の方に彼女を座らせる
・ドリンクを注文する
・可能ならシェアしようと提案して、シェアの作業はしてあげる
・大きい荷物は持ってあげる（大きいもの、重いものだけ）
・長時間なら自分から休憩ごとにトイレに行く（彼女が行きやすい）

…などなど。普段からやっているかもしれませんが、ちょっとした気配りを徹底することで、あなたの優しさを感じてリラックスできます。

ここまではデートの時の例を多く挙げていますが、お付き合いが続いていても同じですよ。むしろ同じでないと、よくある「釣った魚に餌をあげないタイプだな」と思われてしまいかねません。お付き合いや結婚生活を続けたいからこそ、心がけるようにしてください。

お金の使い方

男性が初デートで奢るべきか否か問題ってあるでしょ？ あの論争で必ず的外れな意見として出るのが「奢られるのが当たり前と思ってる女性は嫌だ」という男性と「私は相手に借りを作りたくないので絶対割り勘です！」という女性。あのねえ、そんなジェンダー論の話、してないのよ。で、なぜこんなにも的外れな意見が多いのか？ と考えていたんだけれど、一つの答えとして「価値観がそもそも違いすぎるからそりゃ理解されないよね」ってわかったのですよ。

この「デート（食事）代を出す」という行為が「出費」ではなく「感謝」として考えられる男性はお金を出す事は当然だと思っているんですよね。彼女の分のディナー代5000円を出すのは単に「食事代を出す」ではないんですよね。今日誘った相手の、

・そもそも誘いに応じて来てくれたこと
・時間を調整してくれたこと
・身なりを綺麗に整えてきてくれたこと
・美容院、エステ、洋服、ネイル、化粧品……とわからんけど何万円も余計な出費をして今日綺麗にしてきてくれたこと
・今、笑顔で話してくれていること

・ここまでの道中に手間と時間とお金をかけてくれたこと
・これからも仲良くしてね！という意思表示（これが一番）

そういったもの全てへの「感謝」として「むしろ5000円程度でごめんなさい！」的な感覚を持てるかどうかなのです（高級レストラン何万円の場合もあるかもだが、そんなに見栄はらんでもええんやで）。

でもその感覚がない方々は、食事代5000円＝5000円のマイナスの感覚でしかないから、「え？君も5000円のコース食べたから払うの5000円でしょ？」って意見になると思うのよね。だからそういった方々に話が通じないのは当たり前なのです。

ここでまた湧いて来そうな意見に先回りしますけど「男性側は別に女性にそんなオシャレして来て欲しいなんて思ってないのよ、普通でいいのに。ネイルや洋服や髪型も普通に普段通りでいいのに」と言う男性。え〜っと控えめに言いますが…「もしや童貞ですか？」。女性を全然わかってなさすぎます。

あなた方が思う女性の「普段通り」てのは、すでにめちゃくちゃ頑張って身なりを整えてる状態なんですよ！本当に普段通りで来たら、衝撃（笑）の姿ですよ。もしデートに誘った彼女がボサボサ寝起き頭、どすっぴんの性別すらわからんような顔で上下スエットで現れたら嬉しいですか？

それにね、女性のオシャレは相手の男性に対してだけでなく、隣に連れて歩いても恥ずかしくないようにっていう貴男と周りへの気遣いも含んでるわけです。もちろん女性側の「借りを作りたくない！」という頑固な方々も大問題。まあ可愛げのないこと…。デートという戦場に来てるの？とすら思ってしまいます。もしくは「奢られたらホテル行かなきゃ」って感覚なの？

いいでしょうか？大前提として、女性側は「男が奢って当たり前」なんて、思ってないんですよ。でも割り勘ばかりでモテるのはかなり難しいのです！だって、女性への感謝の気持ちから「僕が誘ったんだから出すのは当たり前だよ。むしろ来てくれて逆にありがとう」と自然に言える人が世の中に多数存在していて、モテているのが現実なんです。その現実があるからには、損得感覚で割り勘の男性が、感謝の気持ちで奢る男性よりモテることなんて不可能なんです。

そういう人が世の中に沢山いるにも関わらず、それほど外見がイケてるわけでもなく「俺は絶対割り勘派だ」なんて言ってて好かれようってのが甘くないか？そんなだから永遠にモテないってていい加減気づいたほうがええで。彼らは「お金を払うからモテる」んじゃなくて「来てくれた相手に敬意を払えるからモテる」んだよ。ココ重要！ねえ、割り勘派の男性諸君、相手が橋本環奈さんや浜辺美波さんや有村架純さんでも割り勘にしますか？ おそらくしないはず。

それと、男性はいいお店に行こうと頑張りすぎだと思います。例えば合計1万5千円の会計だった場合。そこで「5千円でいいよ」と言うくらいなら、最初から1万円で足りるお店に行って全額払った方が何倍も印象がいいものです。

私の場合は相手が男性でも、友人同士の食事では割り勘を当たり前にしています。そのせいか、そこから恋愛にはまず発展しません。逆に、いつも割り勘で通していた友人にいきなり口説かれたら「は？」と戸惑ってしまいます。

最後に、1つアドバイスをするならば、そもそも恋愛として仲良くなりたい相手以外、誘わなきゃいいんじゃないかと思います。相手が来てくれた事に感謝したい気にすらなれない女性を誘うから、ズレているんです。好きで大切な相手なら、相手に喜んでもらいたいと思うはずだし、初デートでたかだか数千円をケチる気にならないはずです。女性側もね、ときめく相手としかデートに出かけないようにする事が大事です。どうでもいい人に対し、時間もオシャレも惜しいわけですから。

つまり男性は、とりあえずヤレるかも…程度の気持ちで誘ったりするからデート代が惜しくなるのです。なので、もう【男性が奢るべきか否か論争】自体がウザいです。そこの価値観が同じ人同士でデートすればいいだけの話ですから、論争の必要がない。私はときめかない人に時間やお金や気を使って奢ってもらうより、一人でサウナやエステ行って帰りにクラフトビール買って自宅でキンキンに冷やしたグラスで映画見つつ飲んでたほうが100倍幸せだと感じます。なのでそもそも興味のない人から誘われてもデートに行きません。

で、興味があっても初デートで割り勘だったら「ああそっか。私は友達として誘われたんだな。勘違いしちゃったごめん！」と理解して、それ以降は友達として関わります。だからもう二人では会いません。

大体の男女はお付き合いしたらいずれ普通に割り勘にしたり、フレンチからうどん屋やらお好み焼き屋になったりするのです。女性も好きな相手とならそんなの全然平気！

だったら最初くらい頑張らんで、いつ頑張るの？　小学生すら、好きな女の子にアイス奢ったりしてますよ。「これからも仲良くしてね。一緒に過ごしてくれてありがとうね」の表現という事です。そんな男性に女性は惹かれるし「自分も次は出すよ！」という気持ちになるのも自然な事。

モテている男性は奢るし、モテている女性は感謝の気持ちを表現できる。なので、モテてる男女にはこの論争自体起きないの。なので、もうこの論争は終わりにするのが賢明だよね。

あれって演技？

さゆり　さぁ、ようやくセックスについての具体的なお話を始めるわね。女性は中々本当の事を教えてくれないの。特にセックスに関してはね。

　例えば、女性に「セックスの最中に感じているふりをしたことがあるか？」というアンケートでは、９割の女性がＹＥＳと答えているの。さらに「イったふりをしたことがあるか」というアンケートでは６割の女性がＹＥＳと答えているわ。つまり…

マナブ　ええ～？　じゃあ、もしかしたらずっと感じているフリをされてるかもって事ですか？　ショックすぎる！

トモヤ　僕はちゃんとＧＦたちを歓ばせてると思ってたけど……あれも演技だったのかなぁ。

ケンゴ　みんな俺は大丈夫って思うんだろうけど、９割だぞ？

さゆり　もちろん、これは「そうしたことがあるか？」というアンケートだから「いつもそうです」じゃないからね。ちゃんと感じている女性もいっぱいいるわよ。でも、さらにいいセックスライフにする為にお勉強しましょう。

　このアンケートの結果でもわかるように、多くの女性がセックスで演技をした経験があるわけだけど、これって何のためかわかる？

トモヤ　男性に気を遣ってるんすかね？

さゆり　そうね、まずはそれが一番大きいわね。相手のプライドを傷つけないように、自分が嫌われないようにって気を遣ってるパターンね。後は、実は女性自身も演技が入ることで自分のセクシーな気持ちを盛り上げているの。

トモヤ　女の子は皆、女優の素質があるんですね。じゃあ、気持ちを盛り上げるって意味では演技が全部悪いわけではないんですね。

さゆり　個人的にはそう思うわ。でも、女性が演技する余裕なんかないくらい、めちゃめちゃに感じてほしいと思わない？

３人　めっちゃ思います!!

しつこいけれどAVはプロレスかファンタジー

さゆり　じゃあ、まずこれを確認しなきゃいけないわね。３人とも、ＡＶ（アダルトビデオ）ってよく見る？

マナブ　最近は彼女が家にいるし、一人ですることもほとんどないからあんまり見れてないですけど、彼女がいない時期はよくお世話になってました。

トモヤ　僕も見るのは嫌いじゃないですね。可愛い女優さんも多いし。

ケンゴ　俺は……しょっちゅう見てます、今も。

さゆり　うんうん、なるほど。そうよね、ほとんどの男性にとって見る機会が多いと思うの。そこでね、まず大前提として覚えておいてほしいの。ＡＶはプロレスかファンタジーってこと。

ケンゴ　あ、俺、プロレス好きですよ。

さゆり　そう。じゃあケンゴさんが本物のプロレスの試合に選手として出場したとしたら、プロレスラーに勝てそう？

ケンゴ　そんなの勝てるわけないじゃないですか！　素人がプロレスラーと闘ったら死んじゃいますよ！

さゆり　どうして？

ケンゴ　あれはプロによるショーですから、あんな派手な技をかけたり受けるために皆めちゃくちゃ練習して鍛えてるじゃないですか。腕の太さなんか僕の倍以上ありますよ！

さゆり　そうそう。さっきＡＶはプロレスかファンタジーって言ったのはそういう事なのよ。自然に見えて自分にも出来そうと思えちゃうけど、あくまでギャラリーに向けたプロのショーなの。女優さんも男優さんも、見栄えのするプロの技と演技でカメラ越しのショーをやってるの。

ケンゴ　あ…。

トモヤ　ファンタジーってのはどういう意味ですか？

さゆり　男性の欲望に忠実に作られたファンタジーって事よ。ここまでの話でも伝えたように、女性を本当に感じさせるには日常からの前戯はもちろん、セックスそのものでも愛情と時間をかける必要があるの。だから、ＡＶみたいに女性を乱暴に扱って、いきなりフェラチオからの即挿入でイクイク～！　なんてあるわけないのよ。

ぶっちゃけ、あれを鵜呑みにしてそのままのセックスしちゃう男性なんて、バッカじゃねえの？って思う時もあるわ。

あれこそ男性のご都合主義のファンタジーって事。後で話すけど、電マを直接ごりごりあててプシャ～ッと潮吹いて……なんてまさにプロレス、まさにファンタジーよ。

マナブ　つまりほとんどリアルではないって事ですね。でも何でそんな風にＡＶって作られてるんすかね？

さゆり　そりゃあ男性向けの味が濃いオカズとして作られてるからよ。だから男性の欲望にだけ忠実な内容なわけ。なのに、それをお手本にしちゃったら大惨事よね。とにかく、ＡＶはプロレスでありファンタジーなのだから、見て楽しむのはいいけれど決してお手本にしない事！　これだけはわかってね。

３人　は〜い。

ＡＶのせいでセックスが時短になっている

さゆり　ＡＶの話が出たところで、もう一つ皆に言っておきたいことがあるのよね……あれは全部がプロレスでファンタジーだから突っ込みどころが満載なんだけど、その中でも特に多くの男性を勘違いさせてしまってることがあるの。さて、それはなんでしょう？

ケンゴ　勘違いですか？　何だろう？　さすがに全部は真に受けてはいないですけど。

さゆり　女性からするとほとんどのシーンで「そんなの気持ちいいわけないやろ、ボケが！」と言いたくなっちゃうけど、それよりももっと根本的な事……それはセックス１回にかける時間です！

マナブ　時間？　あ……もしかして……ＡＶのセックスの時間？

さゆり　そ。多くの女性がパートナーとのセックスに満足できていないのは、根本的に時間が短すぎるからなの。そしてそれはAVの一連の流れがセックスのスタンダードだと刷り込まれているからなのよ。本来、女性をリラックスさせて快感を与えるには、キスなど肉体的愛撫を始めて最低でも30分は欲しいところなのよね。ところが30分以内で終わってる人が多いんじゃないの？

3人　……。

さゆり　AVの場合、キスから始まってすぐにバストや性器の愛撫に移って、次にフェラチオシーンがあって、そして謎に潮とか吹いて、挿入したらガンガン、パンパンやってすぐにフィニッシュ。たぶんほとんどが15分とか20分で一連の流れが終わるパターンでしょ？　それが刷り込まれてるから、みんな時短セックスになってるのよ。

トモヤ　僕はちゃんと1時間はかけてますよ！

ケンゴ　俺は……なかなか二人の時間が取れなくて……下だけ脱いで10分もかけずに終わらせたことも何度もあるなぁ……あれは確かに気持ちよくなかっただろうなぁ……そのせいか段々、背中を向けて寝られるようになったし…。

さゆり　やっぱり基本的に1時間はかけてほしいわよね。AVみたいに乳首！クリトリス！手マン！みたいな急所狙いばかりじゃなく、髪や頬をなでたり、手をつないだり、ゆっくりスキンシップを楽しみながらだと1時間なんてあっという間よ。ぜひイチャイチャに時間をかけてほしいの、もうジャンキーなファストセックスなんて止めてほしいのよね！

年1のご褒美より毎日の優しさ

さゆり　男女のコミュニケーションでよくすれ違いが起きるのは、この部分かもしれないわね。パートナーに対しての評価が、男性は累計式なのに対し、女性は毎日加点減点式って事。

　例えばこんな例があるわ。とある夫婦で旦那様がいつものように帰宅したら奥様がソファーに横になってて夕食の支度もしてなかったから「あれ？　なんで飯ないの？　どうかしたの？」って訊いたんだって。すると奥様は突然泣き出して「もう無理……私の事なんか愛してないのが良く分かった。別れてほしい」って。

マナブ　待って待って！　意味わかんない！

ケンゴ　なんなんですかそれ！

さゆり　あと、こんな例もあるわ。男性が付き合って1年目の記念日に豪華なディナーを予約し、ブランドバッグのプレゼントもしました。ところが、その1週間後に彼は彼女と約束があったのに仕事だと嘘をついて友人達と飲みに行って、すぐにそれがバレてしまった。彼女は「嘘をついてまで飲みに行くなんてもう信用できない！　別れる！」と言い出しました。

マナブ　ええ？

ケンゴ　ちょっと待ってよ！　たったそれだけで？　それに、少し前にそんなにお金もかけたデートしたのに、あんまりだろう！　しかも浮気したわけでもないのに。

トモヤ　…なるほど。

さゆり　そうね。どういう事だったかと言うと、1つ目の例は実は奥様は前日から体調が悪いって旦那様に伝えてたんだって。もともと日常的に旦那様が話を聞いてくれない事が不満だったのよね。その不満がたまっていた時に、自分が体調悪いと言った事すら覚えてなくて、いつものように「メシは？」て言われてメンタルが崩壊しちゃったってわけ。

マナブ　いや……そう聞けばそれは良くないって思うけど、だったら日常的に言ってくれたらいいじゃないですか。

トモヤ　いや……多分、言ってたんじゃないですか。でも、伝わってなかった。

さゆり　お、さすがモテ男！　そうだと思うわ。

ケンゴ　そんなの難しすぎますよ！　じゃ、じゃあ2つ目のは？　せっかく豪華な記念日で彼女のために頑張ったのに、たった1回嘘がバレただけでそんな風になります？

さゆり　まあ、極端な例なのかもしれないけどね。女性は年に1度の豪華な花束よりも、毎日の1輪の花が嬉しい生き物なの。

マナブ　難しい…。

さゆり　それが難しくなく、理解できるようになると、かわいらしく愛おしく感じることができるのよ。そしてそのコミュニケーション方法を知ることが、相手を歓ばせるセックスにもつながるの。

ケンゴ　相手を歓ばせるセックスに繋がる？　日常生活のコミュニケーションが？

日常こそが前戯

さゆり　男女間のコミュニケーションにしてもセックスそのものにしても全体を通して言えるのは、継続して愛情を感じてもらう事なのよ。何事もちゃっちゃと一時的に済ませようとしたら女性には感動も喜びも与える事が難しいかも。

ケンゴ　それはわかるんですけど実際、時間がないじゃないですか。うちなんかチビもいるし、寝たスキにちゃっちゃと済ませないと……って、パターンもあるし。

さゆり　そうね。私も子育てをしてきたから良くわかるわ。だから、そういったこともパートナーとの本音の話し合いがないと中々解決できないのよ。

ケンゴさんが言うように、いつもいつも丁寧に時間をかけてセックスするのは、忙しい現代人には難しいかもしれないけれど、例えばいつもトータル15分程度でちゃっちゃと済ませなきゃって場合なら、いつ、どんなタイミングだったら1時間の時間を確保できるかなと考えてほしいのよね。

それに、前戯の時間はお互いが脱いでからじゃないわよ。日常的なスキンシップも含まれるから、それを心がけておくことでいざ裸で抱き合う時間が多少短くても満足度が高くなるの。逆に言えば、したくもない時、セックスを長時間される方が苦痛だもの。

トモヤ　僕はいつもデート中とかも手を繋いだり、頭を撫でたりほっペツンツンしたり、何かと触ってますけど、そういうことですか？

さゆり　うん、それもいいと思うよ。そんな感じで好きな人から日常的にスキンシップをされるのは、ある意味そこから【焦らしプレイ】という前戯が始まっているのよね。

そういったスキンシップに加えて「可愛いね」「抱きしめたい」「大好きだよ」「愛してるよ」「後

でいっぱいキスしようね」とか、イチャイチャ系の甘い言葉も加わっていくと、女性は「早く二人きりになりたいな」って気持ちになるし、つまりは「もっと触られたい」という性欲のスイッチが入りやすくなるの。

逆に言えば、普段からそういった言葉やスキンシップの焦らしもなしに、自分がセックスをしたいってタイミングだけでムードも何もなく突然ガバーッとキスしてきたり、身体を触られたりしたら、パートナーでも不快よね。

ケンゴ さゆり先生、でもですよ、夫婦になると中々そんな風なムード作りなんてできないですよ。毎日家に帰っても子どもが騒がしかったり泣いてたり、家事も山積みになってるわけで…。

さゆり ケンゴさん、確か……その膨大な家事や子育てを自分ゴトとして参加してこなかったから、奥様のリカコさんとの間に心の溝ができちゃったんじゃなかった？

それに家事や育児ってわかりやすいことだけじゃなく、名もなき家事が大変なのよ。あのね、既婚者や子どもがいる人にはぜひ伝えておきたいのだけれど、家事や子育てを当たり前に自分ゴトとしてやることも、パートナーにとっては日常の前戯の一つなのよ。

ケンゴ え？ パートナーを可愛いとか褒めるってだけじゃなくて？ 家事が？

さゆり 女性の感覚はね、良くも悪くも一つ一つのポイントが増減していくものなの。毎日優しく気遣ってくれる、毎日子育てや家事を率先してやってくれる、そういう積み重ねが「ああ、この人と一緒にいれて幸せだな」「大好きだな」「抱かれたいな」に繋がっていくの。
女性にとっての日常が前戯というのは何もセクシーな展開ばかりじゃないのよ。若い頃や恋愛初期とは違って、その人を尊敬できるか、そんな行動が日常的にあるかで相手に対してセクシャルな気持ちになれるかどうか全然違ってくるからね。

ケンゴ　…うっ。また俺ズレてました？

さゆり　ケンゴさん、大丈夫よ。少しずつでも改善していけたら。それに、何のかんので他の二人はまだ未婚だから、既婚者になった時の悩みはその立場にならないとわからないんだもの。

マナブ　確かに。実は僕もすでに彼女から「婚約してから私の扱いが雑」って言われてるんですよね。でも愛情が減ったわけじゃないんですよ。むしろ増えてるんだけど。その感覚の違いってのもありますよね。

さゆり　それって本当にあるあるなのよね、男性は愛して心を許している相手だからこそ、特別な意識をせず自然体でいるようになる。でも女性はそれが愛情の欠乏や、相手の手抜きのように感じたりする。だからこそ女性も男性の心理を勉強しなければいけないんだけれど…。
マナブ君、あなたもいずれいろんな男女の壁に当たる時が来ると思うわ。でもそんな時に今日の話をちょっとでも思い出して解決のヒントにしてね。

女性は扱ったように変わっていく

さゆり　さっきの話の続きで、これもぜひ伝えたいんだけど…。よく「俺の嫁さんは可愛げがない」とか「すっかり女としての色気がなくなった」とか「優しくなくなった」とか言う男性がいるんだけど、逆になぜパートナーがそうなってしまったのかしら？

ケンゴ　……（ギクッ）。

さゆり　あ、今ケンゴさんギクッとしたわね！　じゃあ問題です！　その原因は何ですか？

ケンゴ　えっと……それは人それぞれでしょうけど……うちでいえばやっぱりストレスでしょうか？　家事育児が忙しいし、パートの仕事もしているしで疲れてるから。だから俺も、いつも家事を手伝ってあげてますけどね。

トモヤ　あ、これ絶対ダメなパターンだ。

さゆり　う〜ん、どこから突っ込んでいいものやら……とりあえず続けるわね。今回、話したいのは「女性は扱ったように変化していく」ということ。つまり、パートナーの前で可愛げがないとか、女性としての色気がなくなってる女性は、貴男たちがそうなるように扱っているからなのよ。

ケンゴ　…ヤバい、俺また地雷踏んでる気がする…。

さゆり　女性はパートナーの鏡だと思ってほしいの。自分が相手をどう扱っているかってこと。すごく極端な言い方をすれば、毎日パートナーが女性を可愛いと褒めて愛情表現をしていればどんどん可愛くなるし、女性としての扱いを続けて愛情あるスキンシップを欠かさなければ色気もなくならないってこと。

トモヤ　確かに！ 僕のバイト先のお客さんで、50代の夫婦がいらっしゃるんですけど、奥さんが50代とは思えないくらい可愛らしくて、色っぽくて魅力的なんですよね……見ていたらご主人が「君は本当にこのカクテルが似合うね」とか話しかけながら楽しそうに手や肩に触れていて、本当に仲良しなんです。

さゆり　まあ、素敵ね！

トモヤ　素敵な奥さんだなっていつも思っていたんですけど、あれは旦那さんが奥さんをそう扱っているから素敵になるんでしょうね。

ケンゴ　つまり、俺の奥さんが常にイライラしていて可愛げがなくて、色気がなくなったのは……俺がそう扱っているからって事？

さゆり　ケンゴさん自身はどう思うの？

ケンゴ　でもなぁ……嫁さんだって俺の扱いが雑なんですよ！　話すことは子どもの事ばっかりだし、弁当だって前は毎日だったのに今は週の半分しか作ってくれなくなったし…。

トモヤ　え、ケンゴさん、ヤバいっすよ、作ってもらってるのに不満を言うとかありえないっす。そんな感じだから奥さんも毎日作るのが嫌になったんじゃないですか？

マナブ　まさに扱ったように奥さんが変化していったんですね…。

ケンゴ　…ちょっと！　ここには俺の味方いないのか？

ストレートパンチが一番効く

さゆり　ところで最近、不満があるのよねぇ…。

マナブ　不穏な出だしですね……何に関してですか？

さゆり　ネットでショート動画とか見ていると、モテテクとか沼らせテクとかよく見かけるれど、拗らせてる人が多すぎる気がするのよ。

マナブ　例えばどんなやつですか？

さゆり　いわゆる駆け引きってやつなんだけど、例えばね…

・可愛い子はあえて外見を褒めない
・好意を示しても好きとは言わない
・LINEの返信は相手の返信速度に合わせる、もしくはしばらく返さない
・最初はめいっぱい優しくして、相手がこちらに好意を持ち出したらそっけなくする
・会った時は優しく甘やかし、電話やLINEでは少しそっけなくする
・他の異性からもモテていることを匂わせる
・体の関係は早めに、女子はエッチしたら好きになりやすい

…みたいなやつ?女性は駆け引きされてるとか秒で気づくから。駆け引きされたら内心「ウザッ!ダルッ!」としか思わないし、結局、女性の心に響くのはいつだって「真っすぐのストレートパンチ」よ!愛の表現はこねくり回さずストレートにね!

トモヤ　あ、でも女の子の方こそ駆け引きみたいなことしません?あざとテクみたいなの聞くじゃないですか。

さゆり　女の子の場合はね、あれは男性がアプローチしやすいように工夫してくれてると思った方がいいわよ。性質的に女性は本音を出しにくいからこそ、ああして好意を表現しているの、あれはある意味、素直なのよ。あざとテクなんて、興味のない男性には誰もやらないんだから。

トモヤ　なるほど！

マナブ　しかし、ストレートって例えばどんな感じですか？　デートに誘いたくても、相手の気持ちがある程度わからないと……何か理由がないと誘いづらいですよね、実際…。

さゆり　なぜ何か理由がいるかって、つまり逃げ道よね。自分はこんな理由があってたまたま誘っただけだから、断られても別に平気だよ、振られたわけじゃないよ、って体裁にしたいのよね。

マナブ　うっ……だって、男だって振られたら実際へこむし、断られたらかっこ悪いじゃないですか！

さゆり　男性はプライドを守りたい生き物だものね。でもね、だからこそ堂々と好意を表現してくれる人にキュンと来るのよ！　勇気ある、潔い、男らしい、そんな風に女性の目には映るのよ。女性だってそれが勇気が必要な行為だって理解してるんだもの。

ケンゴ　てことは……デートに誘う場合は「君とここに行きたいんだけど」でいいんですか？　それ、俺は独身の頃、嫁さんにめっちゃ言ってましたよ。好きだから会いたいとか、堂々と誘っていました！　彼氏いるのかとか、ガンガン訊いてましたし。

さゆり　奥様はそんなところが男らしくて素敵だと感じたのかもね。ケンゴさんはそれがずっと続くと良かったのに。今はどうも奥様に素直に愛情表現するのが苦手になったみたいだけど？

ケンゴ　む……確かに。昔は言えたことが何で今は言えないんだろう……。

さゆり　今からだって昔を取り戻せるはず！　女性の心に一番響くのは、とにかくストレートパンチだって事をわかっておいてね！

第3章 女性の身体を知る

まずは生理を知る事から

さゆり　さて、今日は皆に女性の生理の基本知識講座と、ちょっとした体験をしてもらおうと思うの。いい？　これから最終的には「セックスでの作法」まで講義するけど、そこに至る前までの話が大切なのよ。生理の話はその最初の部分ね。女性を満足させるにはテクニック以前の部分がとても大事なんだと理解して、しっかり学んで取り組んで頂戴ね。

マナブ　はあ、でもちょっとした体験って？

さゆり　それは後で割り当てるわね。（ワゴンを運んでくる。ガラガラ

ガラ…）

ケンゴ　さゆり先生……色々妙なものがありますけど……何だか怖いですね。

さゆり　まずは基本中の基本。女性に必ずある生理とはなんでしょうか？　いつからいつまであるのでしょう？　はい、じゃあ女の子慣れしているトモヤ君！

トモヤ　はい、え～っと、まず生理は妊娠した時の赤ちゃんの栄養だと聞いたような。だから妊娠したら止まるって。年齢は大体中学生くらいから……あれ？　いつまでなんだろう？

さゆり　ん～。半分正解……って事にしましょうかね。

マナブ　何か、訊いちゃいけないタブーみたいな感じがするんすよね。それを知っておくのって本当に男にも必要な事なんですか？

さゆり　当然よ！　確かに生理は女性だけのもので、しかも毎月1週間あるものよね？　つまり初潮が来てからは4週に1週は生理期間なの。なのにずっと一緒にいるパートナーが「男には関係ないから」という態度だと「この人にはこの辛さはわかってもらえないんだ」っていう寂しさをずっと与えることになってしまい、絶対にいい関係にはなれないわよ。だから基礎的なところから理解しておかないと、お互いの信頼関係に影響が及ぶわよ。

マナブ　確かに……考えたらそうですよね、4週に1週は生理期間なのか……つまり生理が終わるまで人生の4分の1は生理中の状態で過ごしてるって事か。大変だなぁ。

さゆり　そうよ。じゃあまずは仕組みを話すわね。そもそも女性は生理が来る2週間ほど前に排卵といって赤ちゃんの素、卵子を排出しているの。卵子が受精したら子宮に移動して妊娠。女性の身体は常に妊娠に備えているの。着床したら受精卵を子宮で育てる準備を常にしておかないといけないの。生理の中身は使わなかった子宮内膜なんだけど、赤ちゃんを保護するためのベッドのようなものよ。

トモヤ　僕がさっきわからなかった、生理がある年齢はどうですか？イメージだと終わるのは45歳くらいなんですが。うちの母親もそのあたりからトイレに生理用品を置かなくなったような。

さゆり　そうね、期間はかなり個人差があるけど、今は身体の成長が早い傾向があって小学3～4年生で初潮がくる子も少なくないらしいわ。終わりの期間もまちまちで、30代で閉経する人もいれば、60過ぎまで続く人もいるのよ。

トモヤ　何でそんなに差があるんですか？

さゆり　初潮が早まってるのは現代人の食生活が大きいといわれてるわ。昔の子どもより栄養が取れているということと……実は鶏肉や卵に含まれる鶏の飼育で使われたホルモン剤の影響ともいわれているの。終わりの期間は、それらに加えてその人の性生活や妊娠期間、加齢やストレスなどの影響が多いようね。

トモヤ　あ、胸を大きくするには鶏肉がいいって聞いて頑張って食べてるGFがいるけど、それってホルモン剤のせいなのかも！　そう考えると何か怖いな。

マナブ　あの～、生理の時って痛いとか辛いのは何でなんですか？　2日目とか、彼女が毎回死にそうな顔してるんですけど…。

さゆり　生理はね、妊娠しなかったらこのベッドは今月でもう不要ってことで、子宮から剥がれ落ちる仕組みなの。それが血液と共に体外に流れ出てくるわけよね。その子宮の中から剥がれ落ちてくる痛みが生理痛になるのね。

だって体の中から大量の粘膜が剥がれて出てくるんだから、そりゃあ痛いわよね。男性だと例えようが難しいけど、腸管の表面が1週間かけて剥がれ落ちてくるとしたらどう？

マナブ　ううう……考えただけで死ぬほど怖いっす。

さゆり　それだけの惨事が体内で起こってるわけだから、メンタルに影響するのは、もはや当たり前なのよ。よく【ホルモンバランスの乱れ】なんて言い方するけど、私からするとそれは女性にとっては当たり前のバイオリズムなのよね。女性は感情的になりやすい、という印象はこのホルモンのバイオリズムも関係しているの。

生理のバイオリズムで月に4回性格が変わる、とまでいわれてるくらいよ。リアルに血を流し続けているから、貧血気味や鉄分不足、冷え性にもなるしね。

ケンゴ　4回性格が変わる⁉　毎月ですか？　でも、生理って別に病気でもないし、全女性にあるものなんだからあんまり毎回辛いって言われてもなぁ、って正直思うんですよね。うちの嫁さんも生理の時はしんどいって横になってばかりで、そんな時は晩飯もウーバーイーツだったりするんですよ。家も片付いてなかったり。こっちは毎日仕事して帰ってきてるっていうのに、晩飯も作れないなんて、生理ってことで少し甘えてるんじゃないかなって思うんですけど。

さゆり　ん？　おい今何つった？（怒）

ケンゴ　あ……いやその、生理って別に病気じゃないし、生理でも家事や仕事をこなしてる女性もいるわけじゃないですか。何かサボってる言い訳に感じて…。

さゆり　ふ～ん…（怒）。

トモヤ　あ～！　ケンゴさんその考えは逆っすよ。僕なんか生理中の女の子には特に超優しくしますよ。温かい飲み物を淹れてあげたり、カイロや痛み止めの薬を買ってきてあげたり、時にはナプキンだって買ってきますよ。家事をさせるなんてもってのほかです！

ケンゴ　ええ？　ナプキンまで？　俺、買ったことないよ……うちの母親もそういう話は全くしなかったからなぁ。今どきの男はそうなの？

トモヤ　まあ、女の子にモテる男はそうですよ。つうか、そもそも奥さんが家事をやるのが当たり前って感覚はちょっと自分にはないっすね。むしろ男だって家事をするのが当たり前ですし。

マナブさんはどうしてますか？

マナブ　うん、婚約してから半同棲状態なんだけどさ、付き合ってた時はわからなかったんだけど、彼女が生理中は本当に辛そうでね。あと……生理中っていうか、生理前にドカ食いしてたり、ちょっとしたことで情緒不安定になることもあってさ。正直そんな時はどうしていいかわからないんだよね。理由もなく急に不機嫌になる事もあるし。

ケンゴ　あ、うちの嫁さんもドカ食いしてる。太ったら困るとか言いながら食ってるから「じゃあ食うなよ」って言うと「どうせ私は過食症のダメな女よ！　いつでも自分の食欲をコントロールできる人には言われたくない！」て怒って泣き出したりしてさ。もう本当、意味不明っていうかヒステリックでげんなりするんだよな。

さゆり　なるほどね。実はその生理前の情緒不安定って、ＰＭＳ（月経前症候群）といって、個人差はあるけど基本的には誰にでもあるものなのよ。むしろあるのが当たり前なの。

ケンゴ　誰でもなんですね。うちの嫁さんだけじゃないんだな。

さゆり　うん。私なんか、ひどい時は地球が滅んでしまえばいいとまで思うもん。

ケンゴ　ちょ、こわ！

トモヤ　でもそうっすよね、女の子だったら多かれ少なかれありますよね。僕のＧＦ達も生理前はメンタル崩壊して病んで鬼電してきたりしますもん。前なんか他の女の子と遊んでるでしょってキレられて皿とか投げつけられました。あはは…。

マナブ　それはトモヤ君の素行が悪いからじゃないの？　いつか刺されるよ。

さゆり　このＰＭＳはね、生理前の約1〜2週間なんだけど（特に前1週間）、生理が終わるとともに症状がなくなっていくのね。また、ＰＭＳの中でも特に著しい精神障害・精神症状が認められる、ＰＭＤＤ（月経前不快気分障害）なんて人もいるの。情緒不安定が一番の特徴で、すごくネガティブになったりするわ。しかもこの時期は身体に老廃物が溜まってくるのでむくんだりお腹が張ってきたり、肌が荒れたり。

　そういった不調は外見的にも表れるから、女性としてはさらに落ち込みやすくなるの。だから口が割けても「なんか太った？」なんて言っちゃいけないわよ。ＰＭＳやＰＭＤＤの原因はいまだわかっていない部分も多いけど、この期間はとにかく情緒不安定だからね。なので彼氏がＰＭＳへの理解が無い事で破局しちゃう例も多いのよ。いつもはおとなしくて可愛らしい彼女が急にワガママでヒステリックになって、戸惑ってしまうのね。
トモヤ　それは男の度量が足りないっすね。それすら可愛がれないと。
さゆり　でも確かに、全くPMSの知識がなかったら、急に彼女の性格が変わった？　とか、これが本性？　なんて戸惑ってしまうのも無理はないよね。最近、私の受講生でもね、20代の若い男の子で、このPMSや生理の知識が無くて、この期間の彼女のヒステリックさやネガティブさにうんざりして別れちゃったんだって。事前に理解できていれば、その状態の彼女が辛くないデートも考えられただろうし気遣いもできたかもしれないのにね。実は同じ原因で別れちゃうカップルって案外多いんじゃないかなぁ。
マナブ　女の子って、生理前は情緒不安定で、生理中はめっちゃ体調悪くて……それじゃなんと月の半分は不調じゃないですか。
さゆり　うん、そうだよ。でも、そんな状態でもパートナーに優しくしたいし、好かれたいって思いがあるし、仕事場では平然としてなきゃいけなかったりね。中々大変よ。
ケンゴ　俺、嫁さんがイライラしてるから、ついこっちまでイライラしちゃってましたけど……もしかしたらあれもPMSだったのかな。
さゆり　ケンゴさんの場合、PMS以前に根本的な考え方とか接し方に原因がありそうだけどね。

ケンゴ　む……そりゃあ俺は男兄弟、男子校で育ってますから女の気持ちには疎いかもですけど、こっちは家族の為に汗水たらして働いて帰ってくるんですよ。なのに家が散らかってたり晩飯がインスタントのカレーメシだったらイラつくじゃないですか。どんなに辛いんだと言われてもＰＭＳや生理の辛さなんて、所詮、男にはわかんないんだから。

さゆり　なるほど、確かに体験するわけじゃないから、その辛さなんてわからないよね。よ～し、グッドタイミングだから、今から女性の妊娠と生理の疑似体験の時間にします。心の準備はいいわよね？　ケンゴさんは拘束椅子に固定されて、これをお腹に装着してください。

ケンゴ　疑似体験はいいんですけど、椅子に固定は怖いですよ！…あ、手足繋がれた！　ちょっとなんですかこれ？

さゆり　電気治療器よ。そうそうこのテープで……よし。マナブ君はこれを両肩に通して体に巻き付けてね、そうそう。それでこのビルの1階から3階まで上り下り往復して。これも持ってね。

マナブ　ええ？　何ですかこれ？　お、重い!!　んで両手にこれって…。

さゆり　臨月のお母さんと同じように8キロの重りをお腹に抱えて、スーパーの買い物袋（3〜5キロ）を両手に下げるのよ、はい、これで3階まで上り下りしてきて！

マナブ　そ、そんな…。

さゆり　マナブ君はちょうど婚約したところだし、近未来を想定してこなしましょう。本当は子どもがいるケンゴさんにと思ってたけど、気が変わったの。

ケンゴ　さゆり先生、俺のこの電気治療器はいったい…。

さゆり　これねぇ、海外の研究で女性の生理痛の疑似体験として使われた例の一つなんだけど、これを強めの値にして当て続けるの。生理の痛みに近いらしいのよ。ケンゴさんが言う通りで男性にはわからないから、せめてこれで疑似体験しましょうね。ポチッとな。（ギュイーン）

ケンゴ　ぐわあああぁ!!　いでででで！　やめて！　やめてください！　無理無理無理無理!!

さゆり　あ〜ら、何言ってるの。生理中の女性はこれが一日中続くのよ。ちなみにこの貼ったテープは強力で専用のものを使わないと一生はがせません（笑）。

ケンゴ　そんなバカな！　お願い！　止めてください！

さゆり　生理は病気じゃないし、皆あることなのに家事をサボる言い訳なのよね？　一日中この状態でも家事をやるのは当たり前よね？　ケンゴさんはこのままで家事をこなせるのよね？

ケンゴ　ごめんなさい！　俺が間違ってました！　止めてぇええ！

さゆり　わかってくれて嬉しいわ。（ポチっとな）

ケンゴ　はあ、はあ、はあ……嘘だろ……痛すぎる。

さゆり　ちなみに、この装置をマックスにすると陣痛に近い痛みが体感できるんだけど、せっかくだからそれもやっておこうか？　今のはレベル4だけど。

ケンゴ　マックス⁉　今のはマックスじゃないんですか？　ややや、やめてください！　もう十分ですから！

マナブ　あ……やっぱり僕そっちじゃなくて良かった。近未来の学習の為に行ってきます！（ダダダッ）

トモヤ　さゆり先生、女の子に優しい僕は罰ゲームなしですね。

さゆり　何言ってるの。これは罰ゲームじゃないわよ。女性の身体の疑似体験って言ってるじゃないの。トモヤ君は、下着をこのパンツに履き替えてきて。

トモヤ　何ですかこのダサいブリーフは。あれ？　なんかくっついてる。ナプキンだ！

さゆり　そう。女性が生理の時の感触を知ってほしいの。２日目の生理に近い量と状態のジェルをナプキン表面にべったり塗っておいたわ。

トモヤ　うえええ、これもキツイ…。

さゆり　それとも電気治療器の方がいい？　あと、生理痛の別の例えでハンマーでお腹を打ち続けるってのもあるから一応準備しといたけど。

トモヤ　ぶるるる！　僕これがいいです！　履いてきます！

マナブ　はあ、はあ、はあ……こ、これキツいですよ……はあ、はあ…。

さゆり　あらマナブ君お帰りなさい。頑張ったわね。ケンゴさんも、やっぱり外す前に一旦レベルマックス押しておこうか？

ケンゴ　ややややめてください！　ぎゃああああ!!

さゆり　皆、積極的に体験してくれて、本当に素敵な男性ばかりね～（笑）。

3人　……（鬼だ）。

妊娠、出産での変化

実はセックスレスのお悩みでそのきっかけや原因になりやすい、人生

の一大イベントがあります。そう「出産」です。もちろんそればかりが理由ではないのですが、このイベントがきっかけで特に女性側は身体や心がとてつもなく変化するので、子どもが生まれても以前のままの状態である男性とはすれ違いが起きやすいんですよね。

妊娠、出産に関してはほとんどのカップルが、かわいい赤ちゃん、二人で協力する育児、など幸せいっぱいのイメージを抱きますが、現実はそんなにスイートなものではありません。この期間に男性が非協力的だったことや、女性の外見が変わりすぎたことなどから、セックスレスになるパターンがとても多いのです。

それからもう一つ。この話を言うと「もう遅いよ〜！」と嘆く方も多いかもしれませんが、男性が出産の予習をしないままで出産に立ち会った事がきっかけで、セックスレスになるパターンもとても多いです。立ち会い出産は今や当たり前になっていますが、これも予習無しでは要注意なのです。そもそもは出産の大変さを目の当たりにすることで、産後の奥様を労わったり、子育てに協力的な旦那様が増えるのではないかと言われていました。しかし実際には陣痛の苦しみは分娩直前までに目の当たりにしているわけですよね。個人的にはその場面だけで十分なように思います。なぜなら、出産は想像よりもはるかに強烈なシーンの連続だからです。

立ち会いたいと思うならば、出産の瞬間（赤ちゃんが出る瞬間）に関しては、しっかりと覚悟をしておきましょう。それくらい男性からすると出産はとてもグロくて恐ろしいもののようです。まず男性は血に弱いですよね。女性は毎月の生理で慣れていますが、男性からするとあんなに大量の血を流してお股が裂けて赤ちゃんが出てくる様に、ショックを受ける人が少なくありません。それまでは見るたびに欲情していたパートナーの性器が急に恐ろしい部分のように感じ、勃起しにくくなってしまう男性も多いのです。

また、出産は命がけです。当然必死の形相となり、可愛いパートナーの初めて見る恐ろしい顔に驚く人もいるでしょう。だって気絶しそうなくらい痛いんですもん。出産に立ち会ったことで、以前と同じ感覚に戻れなくなるナイーブな男性もいるということを女性側も知っていてほしいし、立ち会いには十分な予習と覚悟をお勧めします。

ちなみに私は諸先輩方からこの話はよく聞いていたので、セックスレスだけは避けたかったこともあり、当時の旦那様には立ち会ってもらわず分娩室の外で待ってもらっていました。結果、14年ほどの結婚生活でセックスレスになったことはありませんでした。もちろん耐性には個人差はありますし、私の友人にはビデオまで回すほど平気な方もいますし、レスとは無縁という方がいます。でも、貴男が衝撃シーンに強いタイプじゃなければ覚悟が必要かも。

さて、そうして大変な思いをして出産するわけですが、産後からがまた大変です。出産直後のママ達はみんな退院時点で、身体の外と中に全治3か月以上の重傷を負いながら赤ちゃんを連れて家に帰って来るんですよ。赤ちゃんと帰ってきた時は、ママの骨盤は出産で広がって離れ、おまたも切れて糸で縫ってある状態。子宮からは大量の「おろ」といわれる血と子宮壁粘液を出し続けてます。数日じゃないですよ。これが1か月は続くのです。男性は自分の肛門や睾丸やペニスに置き換えてイメージしてみましょう。そこらへんがあちこち裂けた状態で、1か月内臓から血と粘液が出続けてると思ってください。膣は無いので、肛門や尿道から1か月出血が続くと思ってみてください。これだけでもとんでもない重傷だとわかりますよね？

赤ちゃんに栄養を渡し続けたきたのでママはこの重傷だけでなく、すでに肌も髪も時には歯もボロボロになっています。私自身も体験しましたが、妊娠中からあらゆる身体の変化で女性としての自信がなくなってきます。

・一気に体重が増える
・今までなかったムダ毛が生える
・妊娠線で皮膚が割れる
・虫歯になる

・髪が薄くなる
・肌が荒れる

…などなど、女性にはちょっとつらい状態が10か月ちょっと。しかし産んだ後も休みなどありません。身体がそんなにもボロボロなのとは関係なく、毎日赤ちゃんは泣き喚き、やれ乳を吸わせろ、やれオムツを替えろ、もうなんかわからんけど夕暮れだから泣きたいだの、絶対お前を休ませねえとばかりに毎日大騒ぎ。当たり前ですが、人間は睡眠が取れないと心を病みます。そんな中で妻の一番の味方でいてほしいのです。

「あらおっぱい出ないの？　私は全部母乳だったわ」だの言って不安にさせたり「お乳が出るもち米だからこれ食べなさい！」なんてスーパーで買ってきた添加物まみれの大福とか押し付けないでね、お姑さん。そうそう、間違っても「私は産んですぐ家のことしていた」だの「すぐに仕事してた」だの過去の記憶を改ざんして押し付けたりするのもやめてくださいね、お嫁さん殺す気ですか？

赤ちゃんは1時間も持たず起きて泣いてを繰り返し、ママをゆっくり休ませることなど許しはしません。容赦なく睡眠不足に陥らせ、正常でいられないよう心も奪っていきます。平常心で穏やかでいることすら本当に難しいんです。精神論じゃどうにもできないんです。

で、この地獄の期間中に奥様に優しくせず、恨みを買ってセックスレスになるパターンがめ～っちゃくちゃ！ 多いのです！ まさか「俺は仕事で疲れてんのにうるさくて寝れんわ、何とかしろよ」なんてまるで他人ごとになっちゃってる旦那様はいませんよね？ あ、な、た、の子どもを育ててるんですよ!! 赤ちゃんが多少大きくなっても、それはそれでさらに大変。動き出すと何をしでかすかわからず、誤飲事故や転倒事故で死に至ることも多いわけで。うっかり目を離したすきに死んでしまうような生き物をず～っと監視しながらの生活です。好き勝手泣き喚くのは相変わらず。とても家事を完璧にこなせるわけなどありません。

この時期のママは自分がゆっくりトイレに行くことすらできないんです。ご飯だって食べられる時に立ったままつまみ食いですませるなんてザラ。たとえもうちょい育っても自分の時間は中々取れない。永遠に教育テレビのダンスを踊らされたりしてるのです。それなのに帰ってきた旦那様が「なんだよ、散らかってるじゃん」だの「飯できてないのかよ」だの言いやがることがあるから、そりゃあもうストレスＭＡＸですよ。

「お前一日中家にいたのに何にもしてないじゃん」なんてほざいた日には一生憎しみの炎が消えることはないでしょう。ましてや、自分の子どもを命がけで産んでくれたパートナーの事を「嫁なんてもう女として見れねえわ～」とか外で言ってる男性も時々いますよね？　それを聞いた女性たちは愛想笑いしながら彼らを軽蔑しています。

妊娠中の不安、出産後の辛さ、子育て中の必死さ。そうやってパートナーが自分の子どもを産み育ててくれているそんな最中、旦那様が浮気なんかしやがろうものなら一体どう思われるでしょうか？　ただでさえまともなメンタルを保てない中、一生消えない恨みと心の傷を作ってしまっているのです。

とはいえ、みんな子育ては初心者としてのスタート。だから一つ一つ学んでいかなきゃいけないのです。ちょっとここまでは「いかにママが大変か」みたいな話ばかりになってしまいましたが、そりゃあもう大変すぎるんですけど実際。

でもね。それでも本当にこの期間、幸せも大きいんですよ。パパ達には申し訳ないですが「母親の特権」がめっちゃあるんです。

だからこそ、これからパパになっていく男性にはもっとこの幸せに積極的に参加して欲しいと思います。かなり楽しいですよ。なんと言っても子育ては自分の幸福感育てなのですから。
※以上は「子どもを産み育てる人が偉い」というマウント的な話ではありません。日本はか

なりの少子化社会だし、産みたくても産めない、という人も多いのもわかっています。私も今の時代のタイミングなら結婚も出産も選んでいないような気がします。そんな中、もし出産と子育ての機会にめぐまれたなら、ぜひ二人一緒に親として成長することを楽しんでくださいね。

ぶっちゃけ、アソコの構造ってわかってる？

さゆり　この後は具体的なセックスの話をしていくけど、肝心の女性器について図で解説するわね。信じられないかもだけど、既婚者でもクリトリスの場所すらわかっていない人もいるのよ！じゃあ皆、これを見てね。

ケンゴ　う～ん、こうして図解で見るとなんか不思議な感じですよね……実物とは違うというか。

マナブ　確かに…なんかこう、こんな風にわかりやすくないですよね。

トモヤ　女の子によって形とかも違うし。

さゆり　おお～！　皆の感想は素晴らしいわね！　その通り！　どうしてもこうした図解説明になるとそれぞれの場所をわかりやすく描くからなんだかおもちゃっぽいんだけど、実際は個性に溢れてるし、その時の状態でも変わるからね。あと、脱毛をしていない女性だとますますわかりにく

①大陰唇　だいいんしん

左右の盛り上がった部分。柔らかくふわふわぶよぶよ。まずはこの周りを優しく摩るとドキドキとリラックス効果があります。

ふわふわゾーン

②小陰唇　しょういんしん

大陰唇の内側にある2枚のヒダのような部分。特にクンニの時にはクリトリスへの焦らしで大陰唇や小陰唇から攻めるとしっとり濡らし効果UP

しっとりゾーン

③クリトリス

1番敏感でイキやすい部分。快感を得るためだけの器官。潤いがない状態で強く擦ると痛みも感じやすい。女性のマスターベーションは9割以上がここへの刺激。女性自身もイキやすい。

ビンカンゾーン

④尿道

オシッコが出る部位。潮吹きもここ→成分が限りなく尿に近いです。

しおふきゾーン

⑤膣入り口

童貞君の中にはここが分からない人も。実は優秀。感じて潤うと指やペニスを挿れやすく開いてくる。まずこの周りの外濡れさせて指を挿れてね。

ゆうしゅうゾーン

⑥Gスポット

膣の入口から4～5cmあたり。少しザラザラした部分。クリトリスの感覚神経にも繋がっているため、クリトリスとの同時刺激で快感を得やすい。

ザラザラゾーン

⑦ポルチオ

子宮口が膣内に突起した部分。「中イキ」「奥イキ」とはここでのオーガズムで女性にとって最高の快感と言われる。ピストン刺激よりも「押し上げる」「押し下げる」…心地良い当たり所を刺激するのがコツ。子宮の一部のため外部刺激の「揺らす」でイク女性も…。何度も繰り返しイケるのも特徴と言われている。

カイカンゾーン

い部分が多いのよ。

今、皆の感想が素晴らしいと言ったのはね、「女性器に個性がある」とわかってくれてたのを褒めたのよ。皆、それぞれ違った個性を持っているから、それぞれを愛してほしいの。さて、では復習になるかもですが、この図解の名称と一緒に、扱い方のポイントも後で話していくわね。

女性の性欲

時々「女性に性欲はほとんどない」と勘違いしている男性もいるようですが、そんな事ありません。女性にもしっかり男性同様に性欲がありますし、そもそも性欲は本能的に恋愛には欠かせないものなので、そう考えると女性も男性と同じように性欲があるのは当たり前です。男性の性欲と女性の性欲の違いは、その時のメンタルや恋愛感情で性欲の強弱が大幅に違ってくるところ。

一般的に男性は若いほど性欲が強いですよね？　これは肉体的にも若く元気だと、体力が有り余ってる上に、精子がじゃんじゃん製造されるのでエネルギー的にも物理的にも排出しないと苦しい、という生理的な要素も大きいです。

生殖本能でいえば、常に種をまきたい状態になっている男性に対して、女性の排卵は月に一度です。性欲が高まる期間も限られますし、男性の精子のように排卵は日々たまるものではありません。

とはいえ、女性の性欲は男性よりわかりにくいだけであって、女性の中にも大いに存在しているのです。性欲があるのはごく自然で健康である証拠なので、女性には無いと思う方が不自然ですよね。

それに、パートナーとのコミュニケーションが深まるほどにお互いの性欲があるタイミングも分かりやすくなるので、良いタイミングでスマートなアプローチをすれば、その気がなかった女性の性交スイッチをオンにすることも可能になります。オンになった女性の気持ちが萎えないように、うっとりさせたまま実践に移していきたいですよね。

では、実践編として次の章では女性が好まないセックス、人気の高いセックスなどを具体的にお伝えしましょう。

第4章 アナタのセックスのレベルを上げる

キスを制する者はセックスを制する

さゆり　さて、じゃあ女性を歓ばせるために、先に嫌がられるセックスのパターンを話していくわね。ここまでの話を活かして「キショい男性」から卒業して「いよいよセックス！」となった時にカギを握るのはズバリ「キスの作法」です！　実は女性同士ではよく出る話なんだけど「キスしたらだいたい相手との相性がわかる」って説があるの。マナブ君、キスでセックスの相性がよさそうだなとか思う事ある？

マナブ　ええ？　えっと……どうだろう。キスの時はもう次のセックス

の事で頭の中がいっぱいなんで。そんな事まで考えたことないけど。

さゆり　この「相性」という便利な言葉なんだけれど、まあ実は、それってあくまで感覚的な話なのよね。実際に女性が「相性がいい」と表現してるのは「この人、気持ちいい」なのよ。つまり、その男性は他の多くの女性からも「相性がいい」と思われている可能性が高いのよね。

ケンゴ　またモテる奴の一人勝ちか…。

さゆり　ということは、キスで相性がわかると思っている女性は「このキス、気持ちいい」か「何、このキス、へったくそ！」と振り分けてるってわけ。私自身もいい感じだった男性とキスした途端、興ざめして帰ってしまった事があるのよね。

トモヤ　そんなに下手だったんですか？

さゆり　私は脳内で「貴様はコイキングか！」と連呼していたわ。

マナブ　なんですかそれ！ポケモンじゃないですか。

さゆり　わかりやすくていいじゃない、コイキングキスって。特徴を言うわね。

①口全体を覆うようにキスする↓まさにコイキングの由来

②唇やその周りが唾液でデロデロ↓普通に汚い、気持ち悪い

③相手の頭や顔をホールドする↓女性は逃げられず苦痛
④いきなり舌を奥まで突っ込んでくる↓ムードのかけらもない
⑤唇や舌を強引に強く吸引する↓痛い、怖い、気持ち悪い

こんなキスをされたらこの後セックスしたいって気持ちになんてならないわよね。

トモヤ　それはわかるけど……でも逆にどんなキスだったら歓ばれるんだろう？

さゆり　歓ばれるキスのコツはね、唇だけじゃなく色んな場所へのフレンチ・キスがあると良いと思うわ。色んな場所に軽いキスを沢山してくれることで「可愛がられている」「大切にされている」と感じられるからだと思うの。ディープキスはセックス前にどんどんセクシーな雰囲気を高めていく時や、セックスの最中にすれば十分なの。それも最初はあくまでソフトに。舌を絡める濃度は徐々に、相手の反応を見ながら調整していってね。

ディープキスが苦手、という女性もいるので、絶対に強引なディープキスはしないこと。むしろ最初は女性側が「もっとしたい」と思うくらい焦らしていいと思う。とにかく、皆は絶対コイキングにならないでね！

ケンゴ　コイキングにだけはなりたくねえ〜！気を付けます。

キショいセックスをするな！

さゆり　勘違いセックスに多いのが妙な言葉攻めよね。そこで私自身や相談者さんから聞いたことのある事例を出して行くわね。

「気持ちいい？　気持ちいい？」↓良くないなんて言えないし、演技しなきゃいけなくなる。それ言うのはまだ10年早い

「もう濡れてるよ」↓ただの排卵期です

「声出していいよ」↓出ねえよ。また演技しなきゃいかんやないか

「何が欲しいか言ってごらん」↓おちんちんが欲しいです、と言ってあげてもいいけど全然興奮はしてません

「どこをどうして欲しいの」↓アバウトすぎ。色んな場所があってそれぞれして欲しい動きも違うし、マジレスすると3か所同時攻めとかして欲しいけど無理よね？

「舐めたくなった？」↓いや別にそんな現象無いけど。愛情でやってあげてるんだけど。そして

あなたもちゃんと舐めてよ

「もうイクよ、一緒にイこう！」↓いや突然言われてもそんな無茶な

…まあ、大体こんな感じのモロAVみたいなセリフは実は萎えられてる事が多いわね。内心「この人、AVの見すぎだな」なんて思いつつも乗って演技してあげてることが多いかもよ。そして多い意見としては「気持ちよくない人に限って、こういうセリフを言ってくる」らしいわよ。

マナブ　僕、今消えたい気分です…。

ケンゴ　俺も…。

トモヤ　でも、これって本当に興奮してる時なら効果あるんじゃないですか？

さゆり　いいところに気づいたわね。そう、実際に快感を得ている興奮状態なら、言葉攻めが悪くない場合もあるわ。セックスはテクニックではなくてマナーが大事。そしてちょっとした言葉だけでもさらにイキまくっちゃう女性の姿を大人の男性なら知って欲しいわね。じゃあ、次はかなり専門的な話になるけれど、女性の身体の奥深さを話すわね。いよいよ、アソコよ。

トモヤ　アソコって……アソコですか？まん…

【間違いだらけのセックス、具体的なＮＧ行為まとめ】
・でろでろのディープキス（コイキングキス）
・胸を痛い程、強くわしづかみ
・乳首をぎゅうぎゅうにつまみあげる
・膣への指の激しい出し入れ
・Ｇスポットを責めるつもりでガシガシ！
・いきなり指を２本以上入れる
・潮吹きにこだわる、ガシガシ！
・舌先で強くクリトリスを舐めあげる
・クンニが短い
・女性の頭を押さえてフェラピストンする（イラマチオ）
・挿入後いきなりガシガシ動く
・やたら体位をあれこれ変える
・ひたすらＡＶのような言葉攻め
・お尻を叩く

・首を絞める

もちろんこういった行為も、お互いの親密度で印象は変わってはきます。潮吹き大好き！首絞め大好き！なんて女性もまれにいるにはいるのですが、基本的にＡＶで見ている行為はリアルだと萎えるものが多いことを理解しておいてね。

触れ方の基本

さゆり　まずね、この章は【アナタのセックスのレベルを上げる】というタイトルにしてるけれど、具体的なセックスのテクニックの事だと思ったんじゃない？胸をこう触るとか、クンニをこうするとか、ピストンがどうだとか。

マナブ　そりゃあそうでしょう。

さゆり　大丈夫。そのポイントもちゃんと伝えるわ。でも、これまで話したセックス以前の事の方が、セックスそのもののテクニックよりよほど大事だという事をわかってほしいの。なのでここまでが長かったけれど、まずはそこができてからの実践。わかった？

3人　は〜い！

さゆり　よろしい。じゃあ具体的なセックスの内容に入っていくわね。早速だけれど、女性の身体への触れ方について。ほとんどの男性の女性に触れているタッチはかなり強いの。今の10倍はソフトに触れてほしいわね。

ケンゴ　じゅ、10倍？　そんなに？

さゆり　正確に言えば、セックスのスタート時は超ソフトに。クライマックスに向かってどんどん強めていくイメージね。男性が思ってるより遥かに女性の身体はデリケートなの。特に性器へのタッチは、私がSNSにも書いて来た通り、濡れてないと感じないし乱暴な愛撫はされるほど逆に萎えちゃうわ。

マナブ　あれ？　…ちょっと言いにくいですけど……実体験として、最初濡れてなくても触ってたり入れてるうちに濡れてきたこともありますよ？　それって感じてるんじゃないんですか？

さゆり　それが、女性の身体が良くできているところなのよね。女性の膣は、快感を感じていなくても、擦る刺激で潤滑が良くなるようある程度は愛液を分泌するようになってるの。傷つかないようにするための、いわば膣の防御反応なのよ。なのに未だに「濡れた＝感じている」と誤解する人がほとんどだから厄介ね。実際、女性が濡れるのには3段階あるの。これはまた後で話すわね。

マナブ　うわぁ、女性の身体は未知すぎる〜！　さゆり先生、ソフトに触るって結局どれくらいのイメージなんですかね？　10倍優しく、にも個人差がありますよね。

さゆり　そうねぇ、初めは生まれたての毛が生えていない小鳥のヒナを撫でるイメージかな？　強く触ると死んじゃいそうよね。特に女性器、例えばクリトリスに触れる時は「絹豆腐を崩さないように」とか「生卵の黄身を割らないように」なんて表現をすることもあるわね。それとね、憶えておいて欲しいのは、女性を「100％必ずイカせるテクニック」なんて存在しないのよ。

マナブ　え、どうしてですか？

さゆり　今までに話して来たでしょう？　女性は生理のバイオリズムだけでも体調やメンタルに波があるし、いいセックス体験を重ねるごとにセックスの感度の開発度も変わる。セックスだけじゃないわ。マスターベーションに関しても女性は経験値がバラバラなの。全く開発されてい

ない女性と、中イキや奥イキも自由自在にできる女性とでは全く条件が違うじゃない。それにリラックスできてるかどうかでも大きく違うわ。なので、その人との関係性でも変わってくるでしょう？ つまり「反応が同じ女性」なんてこの世には存在しないのよ。

トモヤ 僕たち男はそれを見極めながら頑張らないといけないんですね。もっと勉強して僕と関わる女の子を皆、歓ばせたいな〜！

さゆり トモヤ君もいつか、この人じゃないとダメだっていうパートナーに出会えたらいいわね。

クリトリスは小さなペニス？

さゆり もう本当にしつこいんだけれど、男性が見てるAVはプロレスでファンタジーだからね。そこで私も逆に訊きたいの。最近スマホで男性向けエロ漫画を見て笑っちゃったんだけど。ああいうので男性はオカズになるの？ こう、お化けみたいな巨乳でお尻もボ〜ン！って。でもって、ほとんどストーリー性もなくて。

ケンゴ いや、俺は漫画では無理っす。さすがに現実と違いすぎるのはわかるので。

マナブ 僕は割といけますね。でも確かに現実離れしてますよね、あの巨乳は。

トモヤ　僕は抜けないけど好みの絵柄ならムラっとはきちゃうかな。若いんで。

ケンゴ　……。

さゆり　なるほどね。でもね、思ったのはやっぱりAVも漫画も男性がオカズにする前提で作られているから、現実とは真逆よね。AVも漫画もキャラが凄いわよね。普通の女性ではありえないくらいにキャラが簡単に感じやすくてセックスもフェラも大好き。挿入されたとたん気持ちよくなってイク〜！　みたいなパターンばかりだものね。

でも現実の女性はこれまで話した通り、日常という前戯が大切だし、実際にセックスでの前戯でも丁寧さやソフトさがまずは大前提。そこで、これまでの話を理解したうえで、いよいよ女性器の奥深さについてお勉強しましょう。

多分ほとんどの男性が女性器の性感帯を何となくクリと膣の中が気持ちいい、くらいにしかわかってないと思うの。それを一般的には「外イキ」「中イキ」と呼んでるんじゃないかしら？

トモヤ　ところで僕、女の人のアソコが好きなんです。何か可愛いですよね！

マナブ　…実は僕、最初見た時はちょっとグロいと思っちゃいました。

ケンゴ　俺、初めての時なんか全然憶えてない。とにかく夢中で頭が真っ白で。だから今でも思い出せなくて。リカコの出産の時は……立ち会ったけど正直怖くてそこはよく見れなかったなぁ。

さゆり　じゃあ、これから幾つか図を見てもらうけど、まずは「外イキ」と言われる部分、クリトリスのイラストを見てもらうわね。

ケンゴ　クリのイラストって、あんな豆粒みたいなのを……え？　えええ？　何ですかこの寄生獣みたいなのは!?

さゆり　男性が知っているクリトリスは、全体のうちでほんのちょっとだけ顔を出している部分なの。全体は実はこうなってます。

マナブ　てことは……僕が愛撫してるつもりだったのはほんの先っぽだけ!?

さゆり　多分ほとんどの人がそうね。それでね、皆にわかりやすく言うと、男性のペニスはクリトリスと似ているの。形はこんな感じだけど、実は構造や性感帯や攻め方も似てるところが多いから、比較するとわかりやすくなるわよ。

ただ見てわかるように女性のクリトリスはほとんどの器官が内臓されちゃってるわよね？　だからこの図を知っておくと、単にこの突起の部分をクリトリスだと思ってやってる人とは雲泥の差が出るわけよ。

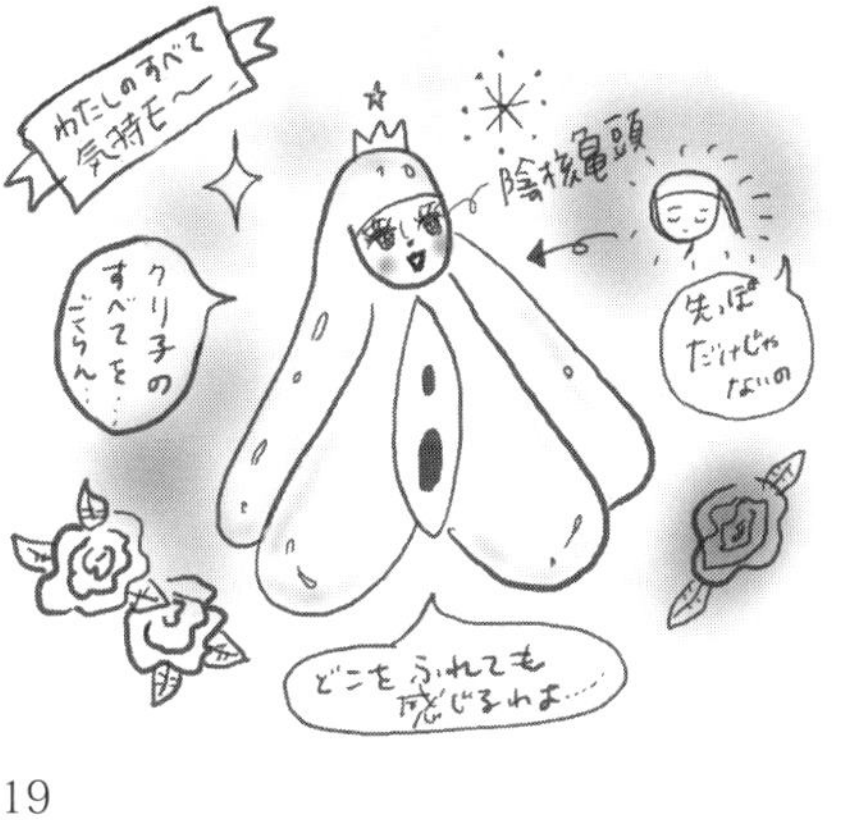

トモヤ　てことは、この両足みたいな部分とかも全部感じるんですか？

さゆり　もちろんよ。なので、これを表側から見ると、こういうやつね（P122参照）。これは解説でも見たことあると思うけど。だからまずは周りから攻めていくのよ。周りを優しくなぞったり、時には優しくもみ込む感じね。周りから攻めていくと、いわゆる「外濡れ」してくるので、クリの突起への愛撫は必ずこの愛液を指につけてから触れるようにして欲しいわ。そうすれば、デリケートな部分を傷つけないようにできるの。それこそ、生卵の黄身の表面のようにチュルチュルと撫でやすくなるの。

あ、これ皆、生卵でやってみてね。感触に慣れたら、自然にクリトリスの愛撫にピッタリな円の動きができるようになるわ。

ケンゴ　円の動き？

さゆり　クリトリスの愛撫でよく間違ってるのが、方向なの。出てる部分が少ないから、見せるためにAVで指ではじくようにしたり、クンニでも舌をとがらせて舐めあげたりしてるの見たことない？　あれ、女性からすると一番良くないのよね。アメリカでの調査だけど、約85％の女性がクリトリスは円の動きか、横の動きが良いと答えてるの。だから、縦の愛撫が良い人はとても少ないわけ。これもAVの悪影響なのよね。

で、円や横の動きを舌先でやろうとすると舌の筋肉が疲れるし、その女性の気持ちいいポイントを探って当てるのが難しいのよね。そこでお勧めなのが「舌を面で押し当てる」というテクニックね。クリトリスを中心に舌全体を押し当てて、ゆっくり円か横の動きで舌をほんの5ミリずつくらい動かすだけでいいの。

マナブ　派手にベロベロ～！ってやる必要ないんだ！

さゆり　それから同じクリの突起の部分でも先の方の陰核亀頭か、剥いて出てくる陰核小帯に分けてアプローチしたほうがいいわね。

さっき、男性のペニスとクリトリスは似てるって言ったじゃない？

マナブ　それで亀頭か！　陰核小帯っていう、少し奥の方はどこに当たるんですかね？　こう飛び出して、ここが亀頭と言う事は…。

ケンゴ　裏筋とか？　竿の部分ですか？

さゆり　正解～！　ほら、男性も特に気持ちいいのは先っちょ派か裏筋派に分かれるでしょう？

それと同じよ。

ケンゴ　なるほど。俺はどっちかというと裏筋派。

マナブ　僕は先っちょの方がやばいかも。

トモヤ　どっちもそれぞれいいから、同時に攻めてくれる女の子ってわかってるな〜！ て感じしません？ 先を舌で攻撃しながら指でしごいてくれたり。

マナブ　それやられたら僕すぐにイキそうに……あっ！

さゆり　お、やっと気づいたわね。

マナブ　なるほど、つまり女性の表に出てる亀頭部分だけ攻めるのは、僕らでいう先っちょしか触ってもらえてないのと同じなんですね。てことは、同じような性感帯って事なら、同時に刺激すれば、僕らと同じように女性も気持ち良さが増すのか！

さゆり　そうそう。そんな感じで、ペニスだけじゃなくて周りも合わせるとさらに良くない？ 例えば睾丸とかも優しく刺激されたり。

トモヤ　あ、僕それ好きっす！

さゆり　てことで、扱う感覚は近いのよね。クリトリスだけじゃなく色んなパーツも撫でたり優しく触れながらの方が女性は安心感があるの。両手と舌を使って、どこか1か所だけにならないよう必ず同時に。そう

すれば女性はいわゆる「外イキ」しやすくなるわ。で、この女性の「外イキ」の感覚は、男性の「射精」とかなり似たような快感と言われてるの。

マナブ　それは気持ちいいですよね、イキやすいのもわかるな。

さゆり　ところがね……男性のペニスと女性のクリトリスは、決定的に違う部分があるの。

ケンゴ　へえ？　まあ、形状もまるで違いますしね。

さゆり　男性のペニスは、精子を膣内に運ぶ役割やオシッコも同じ所から出るから排泄の役割も兼ねてるでしょう？　でも女性のクリトリスはどちらも備わってないの。受精のために子宮に繋がるのは膣だし、オシッコを出す尿道も別にある。クリトリスは感覚神経のために存在しているの。つまり……快感を得るためだけに備わっている器官なの。

マナブ　ええ！　確かに！　なんかそれって……すんごいエロいです。

さゆり　クリトリスは快感を得て、潤滑効果を出して男性を迎えやすくすることが役割なのよね。ってことは「気持ちよくなるためだけに存在する」ってこと。

トモヤ　てことは……クリで感じさせることすらできない男はもうゴミですね、そのための器官なのに。

ケンゴ　俺……ゴミかも。

さゆり　だからクリトリスの感じやすさはセックスに欠かせないものなのよ。ここで気持ちよくさせることが出来たら、８割勝利に近づいてるわね。

マナブ　ぐぅ、頑張ります！　卵の黄身！

ケンゴ　クリ愛撫の大切さはわかりました。じゃあ、他のＧスポットとか中イキの感覚って一体どんなものなんですか？　どっちが気持ちいいんだろう？

さゆり　これが女性の身体の奥深いところなのよね。じゃあ次は、中イキはどんな仕組みなのか見ていきましょう。

外イキ、中イキ、奥イキ

さゆり　ここからの話は、誰もがそれが当たり前ってことじゃないからね。実は、日本人女性は中イキしたことがないって人がかなり多いのよ。

ケンゴ　もう今更なんで言いますけど……俺、女性が中イキしたかどうか、よくわかってなかったです。でも、本人がイッた、て言えばそうなんだろうなと思ってた感じで。そもそも中イキって何なんですか？

Ｇスポットとかいうのはわかるんですけど、そこを触った時にもそんなに良さそうじゃなかったというか…。

さゆり　ケンゴさん、正直で素敵よ！　これに関しては、女性自身もわかってない人の方が多いの。本人が中イキだと思っているのも間接的な外イキだったりするし、何よりも中イキのオーガズムの仕組みも未だ解明されてない部分があるのよね。

　でも、明らかになってることは、女性器でのオーガズムには3種類あるの。その中で私が思うところ一番深く、繰り返しイケるのが奥イキ。ただ、これはあらゆる条件がそろわないと中々イケないものでもあるので「奥イキできないと未熟」なんて思わないで欲しいのよね。それだと「潮吹きが出来ないとダメ」って思いこむのと同じだし。なので、そういった奥深い世界をお互い知るためには、パートナーといかに信頼関係を築いていけるかにかかっているのよね。

トモヤ　さゆり先生は毎回、中イキや奥イキできるんですか？

さゆり　いいえ。私のように色々と仕組みを熟知していても、毎回は難

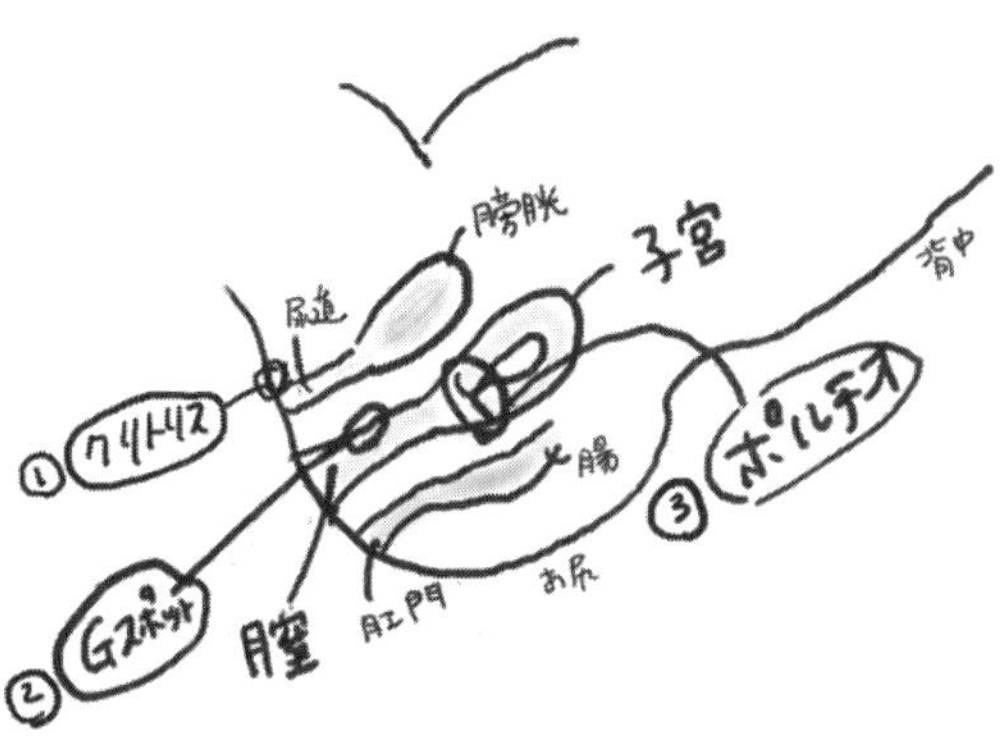

しいわよ。ぶっちゃけPMSの時なんかはその気にもならないし。何より相手によるし、自分のコンディションにもよるもの。女性はその日ごとに変わるって話したよね？　私のようにそれなりに年齢や経験を重ねても難しいのは同じなのよ。

マナブ　そうなんだ……じゃあまだまだ僕らがイカせられなくても恥ずかしくないんですね。

さゆり　そうできるようになるためにも、それぞれ場所の説明をするわね。この図（P125）を見て。まずは、Gスポットね。場所に個人差はあるけれど、膣に指を入れて3～5センチくらいの場所にある、ざらざらした場所がそこね。で、Gスポットが気持ちよくてイケるという人も、実はクリトリスとの連動でイッてるの。クリトリスとGスポットはここの外陰部神経で繋がってるから、ある意味「中からのクリイキ」ともいえるの。

で、Gスポットと奥イキのポルチオといわれる子宮頚部は骨盤神経で繋がってるわ。さらに言えば子宮全体とも下腹部の神経で繋がってる。つまり、外イキ、中イキ、奥イキって、順番に開発していけばわかりやすいの。

まずはクリトリスとの同時刺激で膣内を感じやすくして、そこからポルチオの連携が出来て奥イキ、そして最終的に色んな条件がそろって子宮全体でイク感覚のパターンが一番わかりやすいかな。当然、簡単にはいかないわよね。奥イキは未体験の人が多いもの。

トモヤ　うわぁああ、ＧＦ達に体験させたいなぁ。気長に頑張ろう！

さゆり　奥イキの開発は時間をかけて焦らない事。クリトリスでの外イキができるようになったらＧスポット周辺とポルチオの感覚をアップさせていくのだけど、間違ってもガシガシ指を出し入れしたりしない事。

　中の開発はＧスポットならゆっくり押さえる、押し上げる、押し下げる、そしてポルチオのオーガズムのコツは子宮を揺らす、なの。揺らすって響きだけでも高難度よね？　これもコツがあるんだけど、ペニスを真正面からドーン！　と突くよりもやや下から押し上げたり、上から押し下げたりの方が子宮の揺れが出て気持ち良くなりやすいの。

　だからペニスの反りが強いと良いといわれるし、逆で先端が下向きに反っている男性は名器といわれるのよね。あと……これはペニスで奥イキするようになったら外部刺激での子宮揺らしでもイケるようになるのよ。お腹側から手でイカせることができるの。

マナブ　なにそれ！　マジシャンじゃないですか！

さゆり　それがね、わかってる人はできちゃうのよ。なので女性自身も

理解して練習することで、奥イキできるようになりやすいんだけどね。今よく聞く膣トレなども取り入れると、なお奥イキがしやすくなるわよ。

潮吹きはセックス上手？

マナブ　しかしここまででも自分が無知だったのがわかるなぁ。

さゆり　日本の性教育は男性に生理の事すらまともに教えてないんだから、独学で全部理解するなんて無理なのよ。それにね、憶えていて欲しいのは、外イキも中イキも奥イキも……さらに言うなら男性の射精も。毎回イカなくてもいいって事。

トモヤ　射精は……男は皆したいでしょう。

さゆり　トモヤ君は性的にも長けてる方だし、まだ若いからそう思うかもしれないわね。でも、30代、40代、50代と歳を重ねるごとに男性の精力は明らかに衰えてくるの。女性よりもあからさまにわかりやすいからね。

逆に女性は年齢を重ねるほうが開発されてきて、同時に性欲も増していくの。そうなった時に、男性は女性の性欲に応えたいけれど、勃たないと嫌だなとか、中折れしたらかっこ悪いな、なんて思ってパートナーとのセックスを遠慮するようになる人がいるのよね。実はそれが原因でセックスレスになるカップルも多いのよ。

マナブ　へ〜！　今の自分からは想像もつきません！

ケンゴ　俺もそんな事があるなんて思ってもなかったけど……正直わかるわ。特に夫婦になるといつでもできるっていう安心感があって、自分のコンディションが整ってないと避けたい時もあるんだよな。それを相手に知られたくないから、ごまかしたり寝たふりしちゃったり。

さゆり　男性あるあるらしいわね。でも女性だって同じなのよ。イカないと相手に悪いかなって思ってつい演技しちゃったり、中イキした事ないなんて言いづらいとかね。

　そういった意味では女性は男性のペニスに元気がなかったり、中折れとかも案外気にしてないのよ。だって、自分自身も中イキできなかった経験が多いんだもの。お互い無理しすぎなの。

ケンゴ　そうか……俺、前に中折れした経験があって、それがトラウマになって調子がいい時にしかセックスしたくなかったんですよね。実は。

さゆり　気持ちはわかるけど、相手にとってはただ拒否された感しかないのよね。女性はね、中折れよりも理由不明なセックス拒否の方が心が傷つくのよ。でもそれらも全部含めて、お互いが素直になって正直に打ち明けないといけない事よね。だから女性を本当に感じさせて中イキも奥イキもさせたいなら、やっぱり信頼関係とリラックスが大切なの。

マナブ　あの～、この流れで訊きたいことがあるんですけど。いわゆる潮吹きって、Gスポットでイってる中イキなんですか？　あれやってみたいんですけど、彼女に試した時、上手くいかなくって。

さゆり　えっ。…もうマナブ君のペニスを雑巾絞りの刑にしていいかしら？　こんな風に。（模型をギュギュ～！）

マナブ　ひぇ!!　何で!?　やめてください！　僕間違ってました？

さゆり　大間違いよ！　潮吹きとイク、は全く関係ないのよ。あれこそＡＶの影響で広まったものよ。しかも見せつけるためにあんなに派手に激しく指の出し入れをしてるけど、単純にあれを真似されたら膣の中が傷ついちゃうわよ。

いい？　潮吹きのツボは確かにGスポット付近にあるけど、潮って「尿になる直前の水分」なの。だからＡＶでは女優さんが撮影前にたくさんお水を飲んで出してるのよ。それを男優さんが的確にツボを刺激して出してるだけ。一般人が仕組みを理解せず、むやみやたらにGスポットをゴシゴシやったら痛くてたまらないわ。

だから言ってるでしょ。同じ事をされないとわかってもらえないのかなって。なのでマナブ君

のペニスをこうしていい？　ギュギュッ！（模型を雑巾絞り）

マナブ　ごめんなさい、そんな激痛なんですね……反省します。

さゆり　まあ、実は潮吹きが大好き！って女性もいるにはいるんだけどね。そこは理解あるパートナーと楽しめるならいいけど、実際は尿に限りなく近いからせっかく中濡れしたのが流れちゃうし、潤滑が不充分になると奥イキから遠のいちゃうのよね。

なので、潮吹きできたらイカせられて凄いとか、勘違いは絶対しないでね。ましてや自分がやってみたいからって興味本位で女の子の膣をガシガシ傷つけるなんて許されないわよ。（ギュ〜！）

マナブ　反省します…。

手マンとクンニ

さゆり　前戯での最高のクライマックスはやっぱり手マンとクンニね。

【手マン】…女性器全体、主に膣内を指で刺激する愛撫を手マンと言います。これだけで女性をイカせたり潮吹きさせるのも可能ですが、濡れてないのにゴシゴシ擦られたり、指を乱暴に出し入れしたり、奥まで入れると、とにかく痛いだけ！　外濡れさせてから、指は1本から、挿入はGスポットあたりまで、が原則です。出し入れより指の腹を押し当てるようにすると感じやすいです。

【クンニ】…女性器を舌を使って愛撫する方法のこと。主にクリトリスへの愛撫になりますが、いきなりクリトリスを舐めるのではなく、会陰部から焦らしながらが効果的。クンニは男性側が好き嫌いが分かれますが、肉体的な刺激に加え「こんなところも舐めてくれる」「ちょっと恥ずかしい」ことそのものが女性の快感につながりますので、沢山クンニする男性は好かれます。また、女性器をガン見するのはクンニの時が一番でしょうから、ぜひ「可愛いね」と褒めてあげましょう。そうすることで女性側も「こんなところ見せてもいいんだ」と安心できて快楽に没頭しやすくなります。

さゆり　私は人前ではあまりこの言葉は使わないんだけど、今回はあえてわかりやすく「手マン」「クンニ」と表現させてもらうね。実はこの二つは間違いだらけのやり方をしている人が多いんだけど、慣れるとスイートスポットや、相手の好きなパターンを見つけることができる。だから毎回きちんと反応を見ながらやって欲しいの。じゃあまずは内性器の図をもう一度見て（P125）。クリトリスの愛撫できちんと外濡れが出来たら、いよいよ中濡れも確認しながら指の挿入になるんだけど、最悪なパターンがさっきも話した指を入れてのガシガシ愛撫ね。陰でガシマン野郎って言われて嫌われないよう注意してね。

実はこれ、ペニスの挿入の時でも同じなんだけど、コツは「まずは動かさない」って事。こうして中指をゆっくり入れたら、まずは中濡れ具合を確認しながらGスポットを探ります。これはわりと簡単なので知っているかもしれないけど、指をある程度奥まで入れたら、膣の上側に指の腹を押し当てながらゆっくり戻ってきて。そしたら突き当たる少しざらっとしたところがそれよ。

でもここだ～！　といきなりグリグリしたりガシガシはダメよ。それこそ彼女の反応を見ながら、同時にクリトリスやその付近の愛撫に舌を使うといいわね。さっき説明したように、クリトリスと神経が繋がっているから、クリとの同時愛撫でGスポットの開発がしやすくなるの。まずは擦るんじゃなくて、指の腹全体で押していって、少しずつ前後にスライドさせていくと良いわよ。

ちなみに、このGスポット付近に潮吹きのツボもあるから、その最中に意図せず相手が吹いてしまった場合は、それはそれで盛り上げ要素にしちゃったら良いと思うわ。初めて潮吹きしちゃった女性は恥ずかしくなることがあるから、そこはちゃんとフォローしてあげてね。

マナブ　やっぱり吹かせられると嬉しいけどなぁ。
さゆり　言ったでしょ。目的にしちゃダメ。でも、吹いちゃったらそれはそれで楽しもうって事よ。
マナブ　は～い。
さゆり　さて、この手マンの時、同時にクンニもしてるかもしれないけれど、まずはクンニだけで外イキさせることもできるわ。そのコツは、舌を柔らかくして力を抜いて、一定のペースを保つこと。舌の全面を押し当てながら5ミリずつ前後左右に動かすようにするのがおススメ。これは多くの女性が気持ちいい動きのパターンとしてあげているけど、シンプルすぎて男性はやりたがらない人が多いの。
　逆にAVではあからさまに舌を尖らせたり、早いスピードで舐めあげたりしてるわよね？　それをお手本にしちゃってるのよね。クリトリスはペニスに近い感覚だって話をしたけど、実は男性も同じ動きのパターンの方がイキやすくなるのよ。自分がフェラチオされてる時を思い出してみて。ぴっちり全体を咥えてもらったまま感じやすいカリの部分を一定のペースで刺激されると気持ちいいはずよ。逆に咥えない状態で舌を尖らせてハイスピードでチロチロ舐められるのとどっちがいいかな？
トモヤ　絶対咥えられてる方がいいですね。舌を尖らせてハイスピードって、さっきも出た「イジリー岡田の舌芸か！」ってやつですね。

さゆり　そうそう。だからあの方は反面教師にしてね（ひどい？）。ゆっくり、ねっとり、から始まって、好みの場所を同じペースでじっくり攻め続ける。まあもちろん個人の好みはあるけど、この動きはかなりの数の女性に好評なのでやってみて。密着して舌全体を押し当てるように上下左右に動かし続けるの。

相手の反応が大きかったところを一定のペースで舐め続けると「深い外イキ」をしやすいので、そうすれば中濡れも同時にさせられるわ。イク時間には個人差があるので、何ならここで外イキさせられなくてもかなり中を潤すことができるからね。実際、セックスに関するアンケートのデータでも、クンニの時間が短いと不満に感じている女性が多いのよ。

マナブ　うーん、どっちも奥が深いなぁ。今まで何となくAVをお手本にやっちゃってたなぁ。

少し濃厚プレイ

さゆり　ところで、AVでよく見る場面のような、ちょっと激しめというか、いつもより濃厚なプレイを楽しみたいなって時、皆はある？　例えばローターやバイブレーターみたいなラブトイを使うとか、ソフトＳＭとか。

マナブ　楽しむというか、やってみたい願望はありますね。さっき、さゆり先生に叱られたけど、潮吹きもそうでしたし、あとバイブや電マとかも…。

トモヤ　僕は割と目隠しとか手首を縛ったりとかしてますけどね。もちろん二人ともノってる時だとか、女の子にＯＫもらってからですけど。

ケンゴ　俺が一番年上なのにな……ほとんど普通のセックスしかやってないや。

さゆり　なるほどね。これからの長い性生活の中で、そういったプレイを楽しみたい気持ちも出てくると思うの。でもね、そもそもそういうハードなプレイってノーマルなセックスを楽しめた先にあるものなのよ。

ぶっちゃけ、外イキもさせてくれてないのにいきなり電マや縛りをやらされても女性の心は冷めたままなので、気持ちよくなるのって難しいのよね。皆んなだってそうじゃない？　全く勃起してない状況で射精なんてできないし、ふにゃふにゃなのに「入れたくなったでしょ」なんて言葉攻めされても困るでしょ？

マナブ　確かに…。

さゆり　まずは女性をリラックスさせてあげるのが先。それから少しずつオーガズムの幅を広げていくの。多分、ローターや電マやバイブとかはアマゾン等でも簡単に手に入るので使う機会があると思うけれど、使い方には注意してね。いつも使うのが当たり前になると、刺激が強すぎるので女性の感覚が鈍くなるというデータもあるし、何より使い方を間違えると女性器を傷つけて感染症を招くことだってあるわ。

ケンゴ　でも、それこそＡＶでは電マをゴリゴリ強く当てたりしてますよね？

さゆり　何度も言うけどあれはプロレスでファンタジーだから。使ってもいいけれど、本来は直当てはしない方がいいわ。電マやバイブにもコンドームをつけるのがオススメ。もちろんＡＶみたいにいきなりクリトリスに強く当てたり膣にバイブをグイグイ挿入したりなんてしないでね。逆に最初は自分の手の上から当てたり、クリトリスの左右の膨らみ部分からソフトに当てていくといいわよ。

マナブ　以前、ラブホで興味本位で初めてローターを買って、乳首にグイグイ押し当てたら痛いって叱られました。考えたら、あれもＡＶでよくやるから気持ちいいと思ってたんですよね。

さゆり　ＡＶの呪縛は手強いわ。皆はそっちじゃなくて、目の前の女性と向き合って、その反応から学んでいくのを忘れないでね。

一定のリズムの重要さ

さゆり　さて今度は、挿入時の話になるけど、ぜひ試してもらいたいのが「挿入後しばらく動かない」ということね。

マナブ　さっき教えてもらったやつですね。でも動かさないで気持ちいいんですか？

さゆり　これもAVなんかでは、挿入するやいきなりガンガン動いちゃうけれど、女性は身体の中に男性を受け入れたら、整うのに少し時間が必要なのよ。その時に女性が一番感じたいのは愛情なのよね。

だから、まずゆっくりと挿入した後は1、2分は動かないままで、相手の目を見つめたり、キスしたり、髪や顔を撫でたり…のような愛情を感じてもらう時間にして欲しいの。

特に経験が浅い女性には安心感を与えられるしね。「可愛いよ」「綺麗だよ」「痛くない？」「エロいね」とか優しく声をかけるのが効果が高いわね。

むしろ初めの方は動かさない方が女性は快感を得やすいのよ。人によってはただ挿入してるだけで中イキだってできるの。それに男性もすぐにピストンを始めてしまうと持続力やスタミナがもたないでしょう？　相手に安心感や愛情を感じてもらえるうえに、自分も持続時間が延びるんだからやらない手はないわよね。

マナブ　あ……僕、それは助かるかも。早くイッちゃった時とか気まずいんですよねぇ。

さゆり　それなんだけどね、男性は早くイッてしまったとか、中折れしちゃってイケなかったとかやたら気にするけれど、意外と女性側は気にしてないのよね。まあ、次があるっしょ、ドンマイ的な。それに女性側からしたら早漏と遅漏とどちらが嫌か？って訊ねられたら圧倒的に遅漏って答えが出るし。

マナブ　チントレとか、しっかりやっていけば変わりますかね？

さゆり　もちろん！　そうそう、あと一つオススメなのが下半身の筋トレね。特にお尻側や下腹部を鍛えるものは根元の立ち上がりを助けるのと、スタミナも増すから勃起力も継続力も高まるの。筋トレすれば男性ホルモンも増やせるしストレスも減るし、特に男性は続ける価値がありそうよね。

ケンゴ　サボってたジム、また通おう…。

さゆり　体位もパートナーと楽しみながら色々と試して欲しいけど、女性によっては苦手な体位とかもあるから、その都度動きを止めてゆっくり始めてね。それから、必ず気を付けて欲しいのは「別の場所も必ず触れておく」という事。同時に乳首とクリトリスを愛撫するとオーガズムを迎えやすいのはもちろんだけれど、何も強い性感帯の部分だけじゃないの。手を繋ぐ、髪を撫でる、キスをする、肩や首を甘噛みする、腰に手を回す、なんてのも良いわ。

そうすることで愛情や安心感を得られるので、ますます女性をオーガズムの繰り返しに導きやすくなるからね。女性だってそれだけ満足させてくれるパートナーだったら、他の人なんて興味なくなるし、ますます相手を大好きになっちゃうわよ。回数を重ねるたびにどんどん良くなるセックスって最高だと思わない？

トモヤ　最初の方で話してくれた1000回のキックですね。なんか少し自信がついてきました。

コンドームの大切さ

さゆり　さあ、ここまで色んな話をしてきたけど、セックスってやっぱり挿入の時間が最大のクライマックスだと思うのよね。回数を重ねて、お互いの信頼感やリラックス度が深まると、男性の方も本領が発揮しやすくなるのがわかると思うわ。挿入してからの体位のバリエーションも増えるだろうし、色々と2人で楽しんでいければいいわね。

トモヤ　挿入の時に気を付ける事って何かありますか？

さゆり　そうね、まずは基本的にはコンドームを付けることをオススメするわ。もちろん避妊だけの目的なら、他にも色んな方法があるんだけど、それだけじゃなくて性感染症を防ぐ効果もあるので個人的にも推奨したいわね。
　最近は特に知識がないまま簡単に不特定多数とセックスをしてしまう若い子も多いのよね。望まない妊娠はもちろんだけれど、性感染症も物理的にガードできるのはコンドームだけでしょ？　私の友人のお医者さん達の話からも、若い世代の性感染症がすごく増えてるそうなの。男性側のセックスの感度でいうと生の方が高いのはわかるけど、取り返しのつかないことになってからじゃ遅いものね。どうしてもコンドームなしのセックスを楽しみたいなら、お互い一度病院で一通りの検査をしてからするべきだと思うわ。
トモヤ　そこまでやらなきゃいけませんか？
さゆり　私はね、これは大人だけじゃなくて子どもたちにも教えておくべき問題だと思っているの。私自身も昔は何も考えず『安全日だから』とか軽い気持ちでした事もあったけれど、今考えるととても恐ろしいわ。感染症によっては一生苦しむものや死に至るものもあるし、妊娠できなくなる事だってある。
　実際に知識が無いばかりに、放置したままでたくさん他の人にも病気を広げてしまったり、病気が進行して子宮摘出にまでなってしまった例も少なくないの。だから、あなた達男性が付けるのが当たり前に思うようになってほしいの。

マナブ　さゆり先生、僕たちも将来は子どもが欲しいと思ってるんですが、そうなると当然、生でのセックスをしますよね。

さゆり　そうね。私はこれからは皆、結婚前に一度、性感染症の検査をした方が良いと思ってるのよ。こんな話をすると結婚の甘い雰囲気がなくなっちゃうけれど、大事な事よ。だって皆いい大人なのよ。例えばパートナーの元カレの元カノの元カレの元カノの元カレが感染者だったら？　現在のパートナー同士だけで防げる問題じゃないの。特に感染に気付きにくいものは何年もそのままって事だってあるんだから。

それにどうしてもそうした被害は女性の側に影響が大きいからね。生涯不妊になったり、子宮摘出にまでなったり、大切な女性を自分の軽い気持ちでそんな目に合わせてしまったとしたらどう思う？

トモヤ　…ちょっと軽率でした。

さゆり　トモヤ君みたいにいつも不特定多数の女の子と付き合ってる人は要注意ね。私なら生でのセックスならお断りするわ。何度も言うけれど、セックスはテクニックじゃないの。マナーが大切なの。私が今回教えているのは、相手を愛するためのマナーというべき性教育よ。せっかくこうして学んでるんだから、あなた達男性が率先して取り組んでくれたら嬉しいな。

マナブ　よし、彼女に話して一緒に検査を受けてきます。でもなんか怖いですね、やましい事なんてないのに……。

さゆり　わかるわ。私も以前検査受けた時、やましい事なんてないけれど怖かったもの。ちなみに女性は妊娠検査の時に全部の性感染症も調べるのよ。そう考えるとすでに子どもがいる男性の既婚者は、まずは自分だけ調べるのもいいかもね。さて、ちょっと重い話になったけれど、気を取り直して挿入時のお話を続けるわね。

マナブ　あの……もうここまで来たら恥を忍んで言っちゃいますけど、僕、正直彼女が満足してるのか不安なんですよね。実は……最近特に早くなってきたと言うか。

ケンゴ　お、お前、早漏？

さゆり　こら！　そんな無神経なこと言わないの！　じゃあ、それも先に話しておこうか。

それって早漏？

さゆり　実は早漏には定義があるのだけど、元々は海外のお医者様が決めたものなので、これを日本式でいうとこうなるわ。

①挿入して1分以内、もしくは挿入前に出てしまう
②射精を遅らせることができない
③それを気にしてセックスを避けてしまう

マナブ　いや、1分で終わりはないですけど……でも3分持たないときはあります。
さゆり　じゃあ大丈夫よ。この3つが全部当てはまったら早漏、という診断になるらしいのよ。でも、お医者さんの定義よりも大事なのは、自分とパートナーの気持ちよね。実際、男性の方は早漏なんじゃないかって気にしちゃうけど、女性はそこまで挿入時間にこだわらないことが多いわ。
それに今回教えたセックスのマナーを守っていたら、挿入前に何度もイカせられるようになってくるしね。もちろんイカせる事だけが目的ではないけれど、相手に深いオーガズムを与えられたら男性側の自信につながるでしょうし。

マナブ　実際、早漏じゃないにしても、もっと長持ちさせられたらなとは思うんですよ。何か方法ありますか？

さゆり　じゃあ、まずはここら辺から試してみて。ぶっちゃけ、訓練も必要よ。

①厚めのコンドームを付ける

物理的な刺激を弱めることで、イキにくくなるし、相手にもばれないしお手軽な方法。

②挿入してしばらくは動かない

そのまま膣の中でしばらく馴染ませる。これは女性側からしても心地よく、膣にペニスが入っている時間も長くなるので、早漏防止じゃなくてもぜひやりましょう。その間はキスしたり可愛いとか声をかけたり、顔や頭を撫でたり、女性が愛情を感じられる時間にすると、さらに満足度が高くなります。自分も時間稼ぎができて一石二鳥!!

③マスターベーションの時に訓練する

イク！となってからでは止めようがありませんので、自分の感覚として「これ以上ピストンするとイってしまう」の直前で動きを止める訓練をします。その感覚がわかってくると、いざセックスの最中でも止めることができますね。途中で止めていいのかって思うかもしれませんが、慣れてる人は自分のペースで動きを止めて体位を変えたり、時には一度抜いて手マンに戻って切り替えたりします。女性もそういうのは焦らしにもなるし、まだまだセックスが長く楽しめるのがわかるから、嫌いじゃないんですよ。

マナブ　おお〜！　僕、訓練してみます！

ケンゴ　昔、俺の先輩がお湯と氷水に交互に浸けると良いと言ってたけどな。

マナブ　それは……絶対にガセネタでしょ。やりませんよ！

さゆり　血行は良くなるらしいから、マナブ君、試してみて効果があったら教えてちょうだい。

マナブ　やりませんったら！

【女性に評判のいいセックスあれこれ】

・優しいキス
・髪や顔を撫でて可愛い、綺麗、エロい、など声掛け
・全てがソフトタッチからスタート
・「可愛いね」「綺麗だね」と体のパーツを褒めながら愛撫

・1か所ではなく2か所同時に刺激する
・外濡れの愛液を付けてクリトリスを愛撫する
・なかなか濡れてこなかったら無理に性器の愛撫を続けず、キスに戻る
・性感帯以外の場所にも触れ続ける（髪、顔、首、肩、背中、腰、太もも、ふくらはぎ、お尻、など）
・すぐに乳首やクリトリスのような刺激の強い場所に触れずに焦らす
・膣の指挿入は中指1本からゆっくり
・Gスポットはいきなりピストンで擦るのではなく、膣上部に指を押し当てるようにしてポイントを探っていく
・クンニは性器の外側、周りからゆっくり行う
・クリトリスは左右と上に繋がっているのを意識して、周りを同時に愛撫する
・クンニの時は舌先よりも舌全体を押し当てて、ほんの5ミリずつ動かす一定の動きを続ける
・クンニと同時に膣への指挿入でGスポットに押し当てる刺激を続ける
・ペニスの挿入後1分以上動かず、まず膣になじませる
・常に女性の反応を見る（女性は気持ちいいと感じる場所にかなり個人差があるので）
・ポルチオ（子宮口）を真っすぐ突くと痛い場合もあるので下から押し上げるか、上から押し下

げるイメージで。体位でも変わってくるので、パートナーと探り合いながら気持ちいい角度を探してみて

・最中に「イキそう?」と聞かない。「…うん」としか答えようがないうえ、妙なプレッシャーでオーガズムを得にくくなったりすることも

・相手が汗をかいてオーガズムに達したら「うん、うん、気持ちいいね」と優しく囁くと「乱れてもいいんだ」とリラックスできて、さらなる心地よさに繋がる

・女性も男性の感じている顔を見たいし声が聞きたいので、ぜひ言葉で表現して

・イキそうなのをまだ我慢している表情は多くの女性がキュンとくる

・イク前には一度申告して欲しい

・後戯は思いやりの表現なので可能なかぎり側にいたりよしよしする感覚で

・事後はお水やティッシュなどを率先して勧め感謝を示す

ＮＧ行為はもちろん、やはり個人差やシーズンによっても好みのプレイが違ってくるのが女性です。「女性はこうだ！」という思い込みを捨て、その都度コミュニケーションを取り合いながら挑んでいただければと思います。

モテているだけではダメな理由

さゆり　トモヤ君は女性にもモテるし、扱いも上手だし、きっとセックスもどんどん上達するでしょうね。でもね、いつか本当に大切にしたい女性が現れたら、これまでの自分とは違う人間になる事も必要よ。「自分は彼女が一番大事で、他はセフレだから」と都合のいい考え方をする男性も結構多いけれど、それだと本当に女性を喜ばせる事は難しいわよ。

トモヤ　それなんですけど、セフレにはちゃんと彼女や奥さんがいるって伝えて、お互い同意の上でもダメなんですか？　女の子もただ楽しむだけのセフレでいいって子もいっぱいいるじゃないですか。

ケンゴ　いっぱいはいないだろう！

トモヤ　いや、いますよいっぱい。今だって僕のＧＦ達は「彼女じゃなくていいの」って言ってますよ。

ケンゴ　…お前にはここまで何度も見下されてきたけどな、これだけは俺の意見が正しいと思うぞ。女はな皆、本当のところは「好きな男に愛されたい」って思ってるんだよ。お前のＧＦ達だって、お前に面倒なことを言ったら嫌われると思って言えなかったり、お前が色んな女に手を出してるのをわかってるから意地を張ってるんだよ。だから「セフレでいい」なんて言うんだろ？　いくらモテていても、俺はお前を男として尊敬できないよ。お前の知らないところで女たちが悲しんだり泣いたりしてるんだよ。俺も嫁さんの気持ちを考えてやれてなかったけど、お前よりはまともだと思うし、お前を気の毒にすら思うよ。一人の女を心から愛したい、大事にしたいって思えるのって、控えめに言って最高だ！

マナブ　ケンゴさん、何だか最初のイメージと別人みたいですね。でも、僕もその気持ちはわかりますよ。

トモヤ　何か突然こき下ろされてるなぁ。言ってることはわからなくもないんですが、実際、そこまで思える女の子と出会った事ないんだから仕方ないじゃないすか。出会ったら考えますよ、僕だって。あとケンゴさん、女の子を「女」って言うのもまた出てるし、人の事を「お前」とか言うのも直した方がいいですよ。

さゆり　はいはい、最後までケンカしないの！　でも、ケンゴさんがそんな意見を言ってくれるなんて本当に嬉しいわ。トモヤ君は女性の扱いでは圧倒的に優等生だったけれど、私がずっと言っていた女性を本当に歓ばせる「信頼」や「安心感」がどうしても欠けていたことを言いたかったの。今のままだと、パートナーができても『浮気してるかも』って不安を与えちゃうし、セフレ状態の子には「自分は彼女にはなれない」って寂しさを与え続けちゃうでしょう？
もちろん生き方はそれぞれだから今のまま複数のＧＦと楽しむ人生でも良いと思うわ。トモヤ君もきっとこの先、失いたくない人を失う辛さを知ると思うし、その時にわかればいいのよ。色んな男女関係に向き合っていくことも人生修業の１つ。ぶっちゃけ、トモヤ君みたいな考え方の女性も世の中に沢山いるし、私だってそんな考えの性の謳歌シーズンもあったもの。

トモヤ マジすか⁉ 好感度的にそれ言っていいんですか。

さゆり だって本当だから仕方ないわよ。でもね、人は必ず本当に失いたくない人と出会ってしまうものなの。だから、トモヤ君は今後の人生に乞うご期待！
もちろん、これからパートナーと暮らしていくマナブ君も、夫婦の最初の危機を何とか乗り越えたケンゴさんも！ 人生って長いから。３人とも私よりずいぶん若いんだから、男女関係の本当の奥深さを知るのはまだまだ先ね、きっとビックリするわよ。私も20代や30代の頃は、40代、50代、60代、70代の人たちが恋愛やセックスで悩むなんて思いもしなかったわ。でもね、実際の人生はずっとそういった悩みや問題は続いていくの。

マナブ ろ、60、70代でも？

さゆり　そうよ。老人ホームなんかでも人気のお婆ちゃんの取り合いでお爺ちゃん同士がマジ喧嘩とか普通にあるんだから。だからね、今回は大人の性教育として基本のき、だったけれど、この基本を踏まえて、今後のパートナーシップに活かしてください。

　では今回はこれで修了します。せっかくだから号令かけようか？　じゃあ3人とも起立？　あ、起立って、アソコをじゃないからね。

ケンゴ　誰もそんな急に勃てられません！

さゆり　あはは。それでは、皆さんよく頑張りましたね。お疲れ様でした！　気を付け、礼!!

3人　ありがとうございました！！！

第5章 パートナーと継続するために

一番いらないのがプライド

さて、男性受講生の3人の中に、貴男と似たタイプの人がいたかもしれませんね。ここまで、とにかく性に関してのインプットをしてきましたが、それを実践に移していけばモテることが当たり前になり、パートナーに喜んでもらえる事が増えてくると思います。

そして、その関係をキープするために大切な事は「いらないプライドは捨てる」という事です。男性のいい部分であり、厄介な部分でもあるのが「自分のプライド重視」なところです。時にはそれが大切な場面も

ありますが、ことパートナーシップにおいては、余計なプライドは捨てましょう。なぜなら、貴男が年齢を重ねていても、結婚していたとしても、女性の本質的なところはまだまだわかっていないからです。

私のカウンセリングのお客様の中に、彼のセックスが乱暴で「痛いからもっと優しくしてほしい」と勇気を出して言った女性がいたのですが、彼は「お前がまだ開発されてないだけだ、前の彼女は気持ちいいいって言っていた」と全然直してくれなかったそうです。私はそれを聞いて「なんだそのクズの租チン野郎は？」と怒りに震えましたが、こういう男性は結局「俺は間違っていない」というプライドで固まっていて、パートナーの勇気を振り絞った言葉にも全く耳を傾けないわけです。

誰でも初めから上手に出来るものではありません。だからこそ、これまでの間違いを素直に認めて生まれ変わってほしいのです。本当に強い人は自分の過ちを認められる人です。「俺は知識豊富だ！ 俺は間違っていない！ 俺はパートナーのことはわかっている！」……パートナーシップにおいて、そんな自分勝手な思い込みとプライドはとっとと焼却炉で燃やしてしまいましょう。

リピートされる余裕と色気

これまでの実践で培ったモテ男力も、今後も継続できなければ意味がありません。むしろ継続してこそ意味があります。相手を落としたい時や、パートナーと仲良くしたい時だけ優しくモテ男ぶっても、習慣化していないとすぐに見破られます。繰り返して、習慣になった時に貴男からは「男の余裕と色気」がダダ洩れになるのです。そして女性はそんな貴男にまた抱かれたくなるのです。

女性は優秀な遺伝子に惹かれる生き物ですから、パートナーにとって貴男が誰よりも優れた「抱かれたい男ナンバーワン」であり続ける必要があるのです。女性の不倫や浮気など昨今はよく聞く話ですが、これにはいくつかの要因があります。まずは女性の社会進出で男性と同等にパートナー以外の異性と関わる機会が増えたこと。すると必然的に素敵な男性に出会う機会が増えてしまうわけです。

でもね、例えそんなチャンスがあってもパートナーが魅力に溢れていたら浮気をする気にはならないと思います。貴男が女性の心も身体も理解しておらず、自分の事ばかり優先し、思いやりに欠け、パートナーをちゃんと女性として扱わない……そんな状態をこれまで通り続けていたら、そりゃあ外で見かけたモテ男に惹かれちゃうのは、至極当然だと思います（これは女性側にも言えますけどね）。

なので、今からでも決して遅くありません。パートナーを歓ばせる余裕と色気を身に着けて、愛する人にリピートされまくる最高に幸福な関係を手に入れましょう。

女性の立場になってみる

私のパートナーシップ講座の受講生からのお悩みで、パートナーのセックスがＡＶがお手本で気持ちよくないし不快だから改善してほしい、など勇気を出してパートナーと向き合い話し合う方も多くいます。ですがその後「しばらくはいい状態でしたが、また以前の彼に戻ってしまいました」とか「セックスの仕方について話し合い、改善してくれても、だんだん元のセックスに戻ってしまうんです」という話を聞くことも少なくありません。

これってなぜかというと、ぶっちゃけ「サボり」です。要は気がゆるんでくると自分が心地いいように自然と変化してしまう、というか戻ってきてしまうんですよね。セックスに関しては、貴男自身の好みなども入ってくるのでしょう。もちろんそれも時には相手にとって悪くないこともあるのでしょうが、肝心なコミュニケーションが抜けていると、パートナーは自分が雑に扱われていると感じたり、不満を抱いたりしやすいわけです。

なので、日常的にコミュニケーションを取る事が欠かせないのですが、そこで時折、自分で自分をチェックしてみましょう。その時に貴男は、女性の立場になってみましょう。これは私自身も度々やっている事なのですが、異性の気持ちになって自分の態度や行為をチェックするのです。貴男が女性だったなら、今の貴男に抱かれたいですか？　街で声をかけられたら、思わず話してみたくなる男性ですか？　パートナーだったら、愛おしく頼りがいがあり、信頼できる男性ですか？　自分を女性の立場になってチェックしてみてください。きっと「まだまだモテ男力が足りないな〜」と思うはずです。

はじめに書いたように、モテ男になると異性にも同性にも好かれます。すると恋愛やセックスの事だけでなく、ビジネスや他の人間関係も確実に上手くいきます。男に生まれたからには最高のモテ男人生を歩まない手はありません！

ケンゴとリカコのセックスレス

【リカコ】

さゆり　今日はリカコさんの個別相談だったわね。

リカコ　こんにちは〜。なんだか恥ずかしい相談で…。

さゆり　そんな事ないわよ。私のカウンセリングでも1番多い相談なのよ。

リカコ　そうなんですか？　友達に話したらまったく気にしないって人もいるんですけど、私はやっぱり夫婦なのにそれがないって辛くって…。

さゆり　ちなみに、リカコさんは旦那様とそのことを話し合ったの？

リカコ　いえ、ちゃんとは…。何度か、どうして？とは訊いたんですけど「疲れててごめんね」とかはぐらかされて。それで私も意地になって誘うのを一切やめたんです。最近はケンゴが帰ってきても、ぶっちゃけ顔を見たらムカつくっていうか。しかもそんな状態なのに家事に関しては色々と意見するんですよ。散らかってるとか、夕飯にお惣菜は嫌だとか。こっちだって疲れてるしそんなこと言われたら生理前で気分が沈んでるときは離婚届け取りに行きたくなっちゃいます。

さゆり　そっかそっか。辛かったね。これって難しくってデリケートな話だものね。実際のところは旦那様にも訊かないとわからないけど、男性がレスになるのは実は色んなパターンがあるの。

リカコ　私が魅力がないって事かなって思うと悲しくって…。

さゆり　そんな事はないわよ。リカコさん、とても素敵よ。ただ、旦那様には旦那様の事情というか、色々あるんじゃないかな。

リカコ　…浮気してるんじゃないかとか、不安になるんですけど、何ていうか……こっちも意地になっちゃってもうレスについて話せなくなって。

さゆり　旦那様がどれに当てはまるかはわからないけれど、今まで私が実際に男性側から聞いた例を話すわね。

【パートナーの男性が誘われてもセックスを拒否する理由は？】

①単に優先順位が低い

これが一番多い理由です。色んな後付けの言い訳はあっても、パートナーとのセックスよりも自分が優先したいことがあるというパターン。それは仕事だったりもするけれど、単に家の中でゴロゴロしていたいとか、ゲームしていたいとか、TV見ていたいとか、お酒を飲んでいたいとか…。

ちなみに男性は本能的に自分が手に入れたものには関心が薄くなってしまう傾向があります。しかも同棲や結婚のように毎日そこに居てくれる人は「いつでもセックスできる女性」という認識になり、別に今日はしなくてもいいや、という風に優先順位が後回しになりやすいんです。え？ムカつく？だよねぇ。私も！

②家族になって照れくさい

これも多いパターンです。当たり前のことですが、一緒に暮らしたり、パパとママになってしまうと、完全に家族と言う感覚で逆に恥ずかしくなると聞きます。私たちも親や兄弟とのセックスなんて普通考えられませんよね？また、家族の間でセックスの話なんて恥ずかしいとかもあるでしょう。また出産の立ち会いがきっかけで奥様とのセックスが苦手になった、というデリケートな男性もいます。

なので身近になりすぎて性の対象として見られなくなる、という言い訳も多いのです。そういう観点で言えば、ダイエットするとかオシャレするとかセクシーな下着を着けるとかベタな非日常の演出もそれなりの効果はあるのかもしれませんね。私自身も妊娠前後にでっぷりとなってしまった際は可愛くてセクシーなラブドールを着てみたりもしましたか

ら…（思い出すとちょっと恥ずかしい）。

③拒否られてから意地になっている

疲れていたり産後などで、パートナーが無理と断った時のことを根に持っていて、プライドが傷ついてしまっているパターンですね。まあかなり幼稚な理由ですが……これは旦那様と話し合って本書で色々勉強して欲しいですね（男性パートの部分をしっかり読んでもらいましょう）。

④自信がない

は？　今更何を言ってるの？　と言いたくなりますが……男性って意外とセックスにプレッシャーがあるんです。若い頃は性欲のみで突っ走っていても、ある程度年齢を重ねていくと体力もなくなるし、女性も成熟してハードルが高くなるし、ちょっとバランスが取りづらくなります。そもそも、1回のセックスにエネルギーがかなり必要ですし、男性自身がずっと直立できるか？　相手を満足させられるか？　などプレッシャーになってくるんですよね。性的興奮も薄くなってきて射精できなかったり中折れしたり、なんて過去の経験が頭に浮かんできて、「もうあんな恥はかきたくない」なんて思ってしまい、できなくなるパターンです。

⑤パートナーに興味がなくなっている

これは一番あってほしくないパターンですが、実際にそうだったケースもあります。気付いた時にはすでに外でセックスパートナーを見つけている場合もあります。そうなると二人の関係はなかなか修復できにくいとは思いますが、そうなる前にやはり何か対策をした方がいいですよね。

さゆり　まあ、大まかに分けるとこんな感じかな。もちろん他にも個人的な事情なんかもあるとは思うけれど。

リカコ　何か……自分勝手すぎません？　男の人って、こんな理由で拒否したりしてるんですか？　こっちはすごく悩んでるのに！

さゆり　うん、そうなんだけど、それくらい男性の方がデリケートなのかもね。

リカコ　さゆり先生、疑問なんですが、これってまた以前の関係に戻れるの？

さゆり　⑤のパターンはちょっと難しいかもね。でもそれ以外はお互いがきちんと時間をかけて向き合えば、改善できるはずよ。

リカコ　逆に言えば、⑤ならもうダメなのかな、私たち…。

さゆり　ケンゴさんは不器用ではあるけれど、リカコさんの事を愛しているわよ。私わかるの、本人とじっくりお話したから。でもリカコさんが頑張ってるのになかなか理解してもらえないのが辛いよね。「何で私ばっかりこんなに頑張らなきゃいけないの？」て思ったりしない？　思えば私も昔はそうだったの。こっちが頑張らなくてもちゃんと察してよ！って。

リカコ　わかります。ケンゴも私に「何でそんなに機嫌悪いの？」とか訊いてくるんですけど、そんなのそれまでの日頃の行いで察して欲しいです。少しも心当たりないの？って不思議に思います。

さゆり　じゃあ、そんな時はリカコさんもとてもじゃないけど笑えないわね。

リカコ　無理です。顔がひきつっちゃいます。しかも生理でつらい時に家事にイチャモンつけられた時には……もう感情が爆発して泣いちゃいました。私が髪を20センチも切った時ですら、気づいたのは3日後ですよ？　ケンゴはもう私を女として見ていないんですよ。家政婦ぐらいに思ってるんです。

さゆり　うんうん。でもそんな風にムカついていても、お弁当も晩御飯も作ってあげてるし優しいわよね。

リカコ　あっ、お弁当で思い出した！　ケンゴが「最近、接待が多くて太ってきたんだよね」って言うから、揚げ物を減らしてこんにゃくやお野菜とかヘルシーなものを増やすようにしたんですよ。そしたら数日してから「何でから揚げ入れてくれないの？　面倒なの？」って言いだすし。こっちはケンゴの身体のためにしてあげたのに、揚げ物をサボってるみたいに言われて……あ〜〜〜〜!!　ムカつく！

さゆり　あはは。本当、ムカつくわよね。ねえリカコさん、いっそのこと本音をぶちまけちゃえば？

リカコ　えっ、無理ですよ。ケンゴは私の話なんてまともに聞いてくれませんから。

さゆり　私はリカコさんの味方よ。気持ちもすごくよくわかるわ。でもね、実際のところ、そんな膨大な会話での情報を男性が理解できてるとはとても思えないのよね。私としてはリカコさんのそんな辛い気持ちをケンゴさんが全く気付かない事の方がもっとムカつくの。

リカコ　膨大な情報ですか？　こんな普通の当たり前の会話が？

さゆり　男性って女性と違って同時にいくつものインプットを処理でき

ないのよ。これって脳の仕組みから違うらしいんだけど。ケンゴさんって、例えばおうちでTVを見ている時とかに話しかけても反応遅かったり聞こえて無かったりしない？

リカコ　あ〜！そうです！めっちゃありますｌ！あと、ゲームしてたり、何か仕事を持ち帰ってパソコン使ってたりしたら、何回声をかけても上の空だったり。

さゆり　それそれ。しかもねぇ、男性からすると女性が話す内容って多岐にわたるし、情報量が多いのよ。で、その場で処理しきれないから「とりあえず返事しとこう」みたいになってくるのよね。で、結果、妻の話を理解していない、色んな事に気づけていないというような状態になるの。

リカコ　はぁ……なんだか、自分だけムキになっててバカみたい。

さゆり　リカコさんはケンゴさんの事が大好きなのよね。

リカコ　え？私がですか？こんなに不満ばっかりなのに？

さゆり　不満や怒りが湧くのは、まだまだ沢山の期待が相手にあるからなのよ。「どうしてわかってくれないの？」って悲しさを感じているからなの。女性は特に、本当に相手を嫌いになったら心のシャッターが閉じちゃって、もはや無関心になるもの。この人には何を言っても無駄。この人を愛しても無駄なんだって。

リカコ　半分閉じかけてますよ…。

さゆり　でも、諦めきれないから、今日は私の所に個別相談に来たんでしょう？
リカコ　それは……そうかも。
さゆり　ケンゴさんは、リカコさんと結婚した時はどんな感じだったの？
リカコ　元々は会社の先輩でした。愛想のいいタイプじゃなかったけど、真面目で根は優しいところが好きで。でも、結婚してからは特に私に関心が無いのかなって事が多くなって。子どもが生まれてからは……何ていうか段々、私、孤独かもって。仕事も辞めてるから、パートしかできないし、ケンゴにそっけなくされていたら、段々、私の存在って何なんだろうって気持ちになってきて。それなのに、ケンゴは自分ばっかり飲みに出掛けたりしてて、私は毎日毎日家事とパートをこなすだけで、家で子どもと2人きり……もう本当に私、何の価値もないのかなって…。
さゆり　そっかそっか。長い間、よく頑張ってきたわね。
リカコ　さゆり先生、なんだか支離滅裂でごめんなさい。でも、自分の本当の気持ちもわからなくなってきていて。もちろん息子は大切だし、可愛いんですよ。でも、私はこれからも母親としてだけ生きていくのかなって思うと、時々全部投げ出したくなるんです。こんな事言っちゃいけませんよね。贅沢な悩みなんだろうし、母親として失格なのかなって。
さゆり　リカコさんは良く頑張ってるわよ。母親失格なんてとんでもない！　大丈夫。こじれていても、一つ一つひも解いていけばいいの。ネックレスのチェーンが絡まってぐじゃぐじゃになってしまったこと、ない？

リカコ　あります！　あれも中々解けないですよね。強引に直そうとして千切れちゃったり、安いものなら諦めて捨てちゃったり。

さゆり　ふふ、そうなのよね。でも、それがとてもお気に入りの大切なものだったら？　頑張って時間をかけてでも解こうとしない？

リカコ　…そうですね。確かに。

さゆり　夫婦ってチェーンは、リカコさんにとってはどうかな？　まずは、解こうとしてみても良いと思うわよ。ま、もし解けなかったら、それはその時にまた考えたらいいからね。でもさっきも言ったけれど、解決の糸口が欲しいから私に相談に来てくれたんでしょう？　本当にもう諦めているなら不要だもの。

リカコ　…解くことができますかね？

さゆり　それは、二人が本気で願っているんならね。片方だけじゃあダメ。

リカコ　ケンゴが私と話し合ってくれる気がしないんですけど…。

さゆり　もし、ケンゴさんが歩み寄ってきたら、真剣に話し合いたい？

リカコ　そうですね……もし、ちゃんと冷静に聞いてくれるなら。

さゆり　私思うんだけど、実はセックスレスって、夫婦の一番の問題じゃなくて、結果なのよね。だから、その結果を一旦受け入れる必要があると思うの。そうなったのはなぜか？　心のすれ違いの絡んだチェーンを少しずつ一緒に解くしかないと思うの。

リカコ　セックスレスは、私たちのすれ違いの結果……本当に、そうですよね。でも、どうしたらいいのかわからないんです。

さゆり　うん、焦らなくても大丈夫。たまには息子さんを託児所に預けて、ゆっくりスパでも行ってらっしゃい。

リカコ　実は、サウナ大好きなんです！　行きたい！　でも周りにサウナに一緒に行ける友達いないしなぁ。

さゆり　リカコさん、女性はね、難しいことを考えるよりもご機嫌でいることの方が一番の存在理由よ。サウナに3、4時間出かけて気分が良くなるなら、自分のメンテナンスのためにそれくらい時間使っちゃいなさい。友人と一緒じゃなくてもいいの。ソロ活できるのが大人の女よ。子どもだって、ママがイライラしてるよりご機嫌な方が幸せなんだから。

リカコ　う〜！　確かに。サウナにソロ活してきます！

【ケンゴ】

さゆり　ケンゴさん、今日は個別相談だったわよね、遠慮なく何でも話してね。

ケンゴ　はい。あの……この前はすごく勉強になりました。痛かったけど。なんていうか……俺たぶん、嫁に思いやりとか足りて無くて。

さゆり　うんうん。ケンゴさんは男兄弟の中で育ってお父さんもかなり厳しいタイプだったと聞いてたから、少し不器用なのかなって思ってね。ちょっと荒療治みたいになっちゃったけど。でもそんな風に自分を見直す気持ちがあるなら大丈夫よ。

ケンゴ　少しずつでも頑張ってみます。今日相談したいのはですね、俺、本当は結婚前……リカコと付き合ってた頃みたいに仲良くしたいんですよ。でも、もうリカコが俺のこと好きじゃないんだと思うんです。

さゆり　あら、どうしてそう思うの？

ケンゴ　実は……もう2年近くセックスレスなんです。家でも子どもがいたら会話があるけど、二人きりになるとちょっと気まずい雰囲気というか。

さゆり　ふむふむ。何となくそんな気はしてたわ。

ケンゴ　さゆり先生、ぶっちゃけ女ってあんまり性欲ってないんじゃないですかね？　こんな風に性の事を学んでも、実際、女はただ男に合わせてただけって事になりませんか？

さゆり　本当にそう思う？

ケンゴ　…いや、女はっていうか、うちの嫁はセックスが好きじゃないのかも。それか、俺とはしたくないんですよ。

さゆり　う〜ん……もちろん私はリカコさんじゃないから、本当の気持ちは本人にしかわからないけれど、そんな事はないと思うわよ。じゃあ、まず女性の性欲についてだけれど、実はねぇ……めっちゃあります。

ケンゴ　めっちゃ、ですか⁉

さゆり　ただ、男性の性欲とは全く質が違うものだから。そこを理解する事が必要よね。例えば男性みたいにAVを観てムラムラする、なんて単純な感覚じゃないのよね。モテる男性の話の時に最後に私が言ったことを覚えてる？

ケンゴ　えっと「日常こそが前戯」ってことですね。

さゆり　そう。だからリカコさんはきっとその日常の前戯がず〜っと無い状態だから、セックスをしたい、という気持ちが今は途絶えてしまってるのかもね。

ケンゴ　今は途絶えた……てことは、またしたくなる時も来るんですか？

さゆり　それはあなた達二人が努力していかないとね。ねえケンゴさん、ちゃんと相談に乗りたいので正直に教えて欲しいんだけれど、ケンゴさんはリカコさんとまたセックスしたい？

ケンゴ　それは……もちろんしたいです。でも、もう今更何て言えばいいかわからないし、もう2度とないのかもって思うと、正直別れた方がお互いのためなのかなって思う時もあるんですよ。

さゆり　まあそうすぐ結論付けなさんな。そんな事を考える前に、セックスレスについてちゃんと話し合えばいいじゃない。

ケンゴ　話し合いっていうか……2年前、最後は俺が誘ったんですよ。そしたらリカコに「もう、何なの！」って怒った感じで払いのけられちゃって。それからはもう俺、誘うのも止めたし、そっちがその気ならもういいよって思って、その後はお互い、レスについて触れないまま時間が過ぎちゃって…。

さゆり　ケンゴさんは拒否されたと思ってるって事よね。でも、もし、もしよ。リカコさんは逆にあなたから拒否されてると思ってたとしたらどう？　ケンゴさんから愛されてない、私の事なんか女として見ていない、って思ってたとしたら？

ケンゴ　そんな！　先に拒否したのはリカコの方ですよ。

さゆり　どっちが先、てのはそれこそどっちでもいいのよ。もし昔のように仲良くしたいってのが本音ならね。さっき私、女性に性欲はめっちゃあるのよって話したよね？　ちょっとキツイ質問だけど、もしこのままセックスレスで、その持て余した性欲を処理するためにお互いが別の誰かと浮気するってのはどう思う？　あくまで性欲の処理だけだとしたら。

ケンゴ　そんなの許せるわけないじゃないですか！　公認の不倫って事でしょ？　男の浮気は身体だけで終わるけど、女は違いますよ。相手を好きだからセックスするんだし。

さゆり　ケンゴさん、その考えがあなたを苦しめてるわ。男性は身体だけで終われるけど、なぜ女性はそうじゃないの？　つまりケンゴさんは、女性がセックスするのは好きな相手だからだ、って思ってるのよね。だから、セックスを拒まれたからリカコさんはもう自分を好きじゃないって思い込んじゃう。

ケンゴ　…えっ、だってさゆり先生も言ってたじゃないですか。女は心がセックスに影響するって。

さゆり　それはもちろんそうよ。誰だって大好きな人と愛を語り合いながらセックスできたら幸せなのは間違いないわ。でもね、女性にだってちゃんと性欲はあるの。そして、その性欲にはバイオリズムが関係するの。ハッキリ言えば、ただセックスがしたいだけって時が女性にもあるのよ。例えば、今は女性用風俗の利用者がすごく増えているのよ。性欲だけなら男性と同じく恋愛してなくても性欲処理できる人もいるのよ。もし、女性のバイオリズムで体調やメンタルが最悪な時に、当たり前にケンゴさんがセックスをしようとしたのだとしたら？　日常の前戯が全くない状況で、心が満たされていないのに当たり前に身体を求められたら？　喜んで受け入れることができるかしら？

ケンゴ　この前教えてもらったＰＭＳの時期とか……ですか？

さゆり　まあ、もちろんその時期だった可能性もあるけれど、もっともっと考えてほしい事があるの。セックスレス気味になった頃、リカコさんは毎日どんな時間を過ごしていた？　仕事は順調だった？　お子さんは成長してきて手がかからなくなってきた？　体調は？　その頃はまっていたものは？　何の曲をよく聴いてた？　新しく買った服はどんなもの？　どんな友人と付き合っていた？　何を食べるのが好きだった？　行きたいところやしたいことは？　化粧品はどこで買ってた？　朝は何時に起きて、お弁当は何のおかずが多かった？　よく見てたＴＶは？

ケンゴ　……。

さゆり　何かちゃんと憶えてることはない？

ケンゴ　よく弁当に入っているのは……何か、糸こんにゃくの炒めたのと卵焼きが……その他の事は……えっと。

さゆり　実はパートナー間のお悩みで一番多いのはセックスレスなの。そのパートナーによって理由やきっかけは様々だから、簡単にどちらかが悪い、なんて言えないわ。それに、この問題を解決しようと思うなら勝ち負けではなく、お互いがこれまでありえないほど素直に、正直になるしかないのよ。でもね、今まで色んな方の相談に乗って確信してる事があるの。女性がセックスを拒むきっかけのほとんどは、パートナーに対する恨みが原因なのよ。

ケンゴ　うっ……恨み!?

さゆり　これは性の専門家として長く活動を続けている有名なアダム徳永先生もコラムで書いているけれど、実に的確な表現だと思っているわ。だけどね、勘違いしないでほしいのは恨みを持っていても、まだパートナーを嫌いにまでなっていないのが女性の性質なの。本当に嫌いになったら、女性は恨みすら持たなくなる。完全に無関心になるわ。だから、リカコさんはもう好きじゃなくなったから拒否したんじゃないのよ。ケンゴさんをまだ好きだからこそ、わかってもらえない悲しさや悔しさや怒り、そういった日常で積み上げた感情で恨みが生まれるの。そんな状態でパートナーを受け入れる事ってすごく難しいと思うのよ。

ケンゴ　…さゆり先生。じゃあ、俺はどうすればいいんですか？　俺は、リカコに嫌われてるんじゃないなら、何をすれば…。

さゆり　それは全部リカコさんに訊かないと。じゃあゆっくりでいいから、ここ2、3年の事を思い出してほしいの。その頃リカコさんはどんな顔してたかな？自分の事でも子どもの事でも、とにかくケンゴさんに話したそうにしてる時はなかったかな？って、よ〜〜く思い出してみて。その上で、リカコさんの話を沢山聞いてあげてほしいの。もし責められてるように感じても、怒らないで、拗ねないで、不満を言わないで、ただただ聞いてあげて。女性はね、相手に対して完全に諦めた時にはもう、不満すら言わないのよ。ケンゴさん、女性が最終的にパートナーに求めているのはね……「どんな私でも受け入れてほしい」って事なの。

ケンゴ　そんな……俺だって、いつも思ってます。リカコに俺の事を認めてほしいって。

さゆり　わかってるわ。同じなのよ、お互いにただ受け入れてほしいの。ただ…。

ケンゴ　ただ？

さゆり　夫婦であってもね、お互いのタイミングがちょっとズレるともう取り返しがつかなくなることもあると思うの。特に女性はね、一度限界を超えてしまうと気持ちを戻すのはとても難しい。それはパートナーとの関係を保つためにと耐えてた事も多いからだと思うのよね。照れくささや変な意地で、自分の思いを伝えないまま、本当に大切な人を失っても遅いのよ。

ケンゴ　もう遅いんじゃないかなって思う事もあるんですが……今更、何て言えば…。

さゆり　ああもう！　個別相談に来ておいてグズグズ言わないの！　仕方ないわね。じゃあ一つ教えるわ。私はリカコさんの相談にも乗っているのよ。それでね、お弁当で糸こんにゃくが増えて、から揚げが減ったのはケンゴさんの健康のためだって言ってたわよ。

ケンゴ　え!?　俺の事が嫌いだから、から揚げが減ったんじゃなかったんですか？　あの糸こんにゃくも俺のため!?

さゆり　当たり前の日常の中で、リカコさんなりに愛情表現を続けていたのよ。不器用ではあるけれど、長くコミュニケーションが取れていないパートナー同士ではよくある事よ。ね、間に合うか間に合わないかはわからないけれど、このまま意地張って自分の気持ちを伝えなくていいの？　本当に最後のチャンスかもしれないのよ。ケンゴさんが、本当にリカコさんともう一度仲良くしたいのなら、夫として頑張るタイミングは？　いつやるの？

ケンゴ　今でしょ!!　俺、行ってきます！（バタン!!）

さゆり　古いわね……でも頑張ってね。

【リカコ】

「今日遅くなるから飯いいや」……またこんな風にメール1つで済ませられた。ていうか、もう

20時過ぎてるし。すでに遅いじゃん。もう全部作ってるんだけど…。どうせ自分は同僚と飲んで帰ってくるんだろうけど、昨日からでも、ううん、朝からでも言っておいてくれたら私の時間の使い方は全く違ったのに。息子と2人だけならこんなに何品も作らなくてよかったし、わざわざこの子を連れてスーパーに行かなくても済んだのに。今日は生理でお腹も腰も痛くて、こんなことなら少しでもゆっくり休んでおきたかった。

こんな事言ってもどうせわかってもらえない。先月も私が生理痛で寝込んでたら「そんなに辛いなら家事は明日やればいいよ」なんて平気で言うんだもの。明日は良くなるって何の根拠があって言ってるのか。何で「じゃあ俺がやるから寝てていいよ」って発想にならないのか。

もう毎日、ケンゴと話すたびにストレスになる。ずっと前、私がケンゴの誘いを断ったからって拗ねてたみたいだけど、そもそも拒否したのはケンゴの方なのを憶えてないのだろうか。子どもを寝かした後、二人で色々話そうねって言ってた日に、自分はとっとといびきをかいて寝てることが何度もあった。私は子ども会で苦手なママ友と一緒の役員にされちゃったことを、聞いてもらいたかったのに。

それだけじゃない。この前、私が髪を20センチも切ったのにケンゴが気づいたのは3日経ってからだった。どれだけ私の顔をまともに見てないんだろうか。

最近、仕事での付き合いが多いから太ってきたって言ってたから、お弁当に使ってたマカロニを糸こんにゃくに変えて、卵焼きも砂糖をラカントに替えたのに。「お弁当どうだった？」って訊いても「ああ、うん。から揚げとか欲しい」って。身体のためを考えて変えたのに、それじゃ意味ないじゃん。

私だって、昔みたいにケンゴと仲良くしたいけれど、今の私は息子の母親としてしか見てもらえていない。日曜に公園に行った時も、周りにこれ見よがしに息子と遊んで、ママ友に「イクメンで良いですね～！」なんて言われていい気になって。帰ったら「疲れた～！」ってすぐにゴロゴロ。休みの日にちょこっと子供の面倒を見ただけで何が疲れたなの？こっちは息子が生まれてからずっと24時間３６５日休みなく家事も子育てもしてるんだよ！

本当に自分勝手すぎる。この前も突然、当たり前みたいに私のベッドに入ってきたけど、無神経にもほどがある。自分が溜まったモノを出したい時は私の意思確認なし？私は性欲処理のサブスクじゃないんだよ！

【ケンゴ】

また機嫌悪いよ…。最近のリカコは俺が何を言っても不満そうな顔しかしない。俺が「どうかした？」って訊いても「別に…」としか言わない。どっかの女優かよ。今、大きい施設のプロジェクトチームに入ってから、どうしても接待などが多くて遅くなりがちだけど、疲れて帰ってきても「おかえりなさい」の一言すらない。それどころか「子どもが起きちゃうからもう少し静かに帰ってきて」と文句まで言われてしまうし。

この前はめずらしく残業がなくて「久しぶりに家で飯食える」と楽しみに帰ったら、何も作ってくれてなくて惣菜が置いてあるだけ、しかもソファに横たわって辛そうにしてるし。「ベッドで休めば？」って言ったら「まだ片付けてないから寝れないじゃん」って、何だかまた不機嫌だし。

リカコの髪が短くなっていたから「お、切ったのか」って言ったら「はぁ？　今…？」って、また不機嫌に。「可愛くなっていたから」って言いたかったんだけど、そんな言葉も出せない雰囲気に。

俺はいつ、何て言えばいいんだろう。最近、弁当に俺の好きなから揚げが入ってないのも不満の意思表示かな。疲れた顔をしてることが多かったから、せめてもと思って休みの日に公園で息子とたくさん遊んであげても、全然喜んでもらえないし。俺だってこのままだと良くないと思ってるよ。

気づいたら、長いことリカコに触れていない。だけど毎日、余裕がなかったし、仕事から帰ってすぐはどうしても頭の中が残業で疲れていて、リカコの話をちゃんと聞く気になれなかった。だから、あの日はただ、また仲良くなりたくてベッドに入った。当たり前に受け入れてもらえると思ってた。でも……あの時のリカコの本当に嫌そうな顔が忘れられない。ああ、こいつもう、俺の事が好きじゃないんだってわかったんだよ。嫌いな男になんて抱かれたくないのは、当たり前だもんな。でも、どうしたら良かったんだろう。

【ケンゴとリカコ】

ケンゴ　リカコ！

リカコ　え、何？　どうしたの？

ケンゴ　話があるんだ。

リカコ　…うん、実は私も話したいことがあるの。

ケンゴ　俺は……リカコと別れたくないんだ。

リカコ　え？

ケンゴ　俺……今までリカコの気持ちを、何もわかってなくて。いや、今も多分全然わかんなくて。それで……お前に嫌われてるのもわかってるんだけど。

リカコ　ちょっと、何言ってるの。
ケンゴ　本当に、今までごめん。これからはもっとリカコの事をよく見て、知っていきたい。リカコが好きなものとか、嫌な事とか、とにかく……少しずつしかできないかもしれないけど、頑張るから。だから…。
リカコ　え？　ケンゴ、泣いてるの？　大丈夫？
ケンゴ　俺、…本当はいつも感謝してるんだけど、お、お前の事がす、好きなんだけど…。でも、何だかわかんないけど、いつも照れくさくて……それで…。
リカコ　…バカね！　何泣いてるの。どうしちゃったのよ。
ケンゴ　お前と別れるのかもって思ったら、俺…。
リカコ　誰がそんなこと言ったのよ！　本当いつも勝手に決めつけるんだから。
ケンゴ　…え？　じゃあ、まだ間に合ったのか？
リカコ　私からも言わせて。…今までごめんなさい。ずっと可愛げのない態度で、いつも不機嫌な顔して。ケンゴに不満があるならちゃんと話

せばいいのに、意地になっちゃってて。私もね、ケンゴに……もう女として見られていないと思って……すごく悔しくて…。でも、分かったの私。自分にもこうなった原因があるって。だから…うぐッ。

ケンゴ　お前も泣いてんじゃん。

リカコ　泣くわよ、そりゃあ！　だって、正直な気持ちをケンゴに伝えるのって、いつぶりかわからないし…。私も、不安だったの。もうケンゴに好かれていないって思って、このままなのかなって…。

ケンゴ　…俺は、リカコが好きだ。愛してる。だからもう1回、夫婦としてやり直したいんだ。

リカコ　ええぇ……涙が止まらなくなるぅ。私、ずっとそう言って欲しかった。

ケンゴ　リカコ。お願いがあるんだけど。

リカコ　何？

ケンゴ　キスしていいかな？

リカコ　え、やだ。

ケンゴ　なんでだよ！　やっぱり俺の事嫌いって事か？

リカコ　違うわよ。だって、いつからしてないんだろう……恥ずかしいんだもん。

ケンゴ　俺だって恥ずかしいよ。いいから、目つぶれよ。
リカコ　やだ。ケンゴの顔を見ていたい。
ケンゴ　ええっ……うん、いいや、じゃあ見てていいから。
リカコ　うん…。

セックスレスの原因は様々ですが、どんなパターンでも解決の為に一番大事な事は「お互いを認め、受け入れる覚悟をする」ことのように思います。さて、セックスレスには実にいろんなケースがありますが、この二人の例はまだ回復の見込みが大いにあるケースだったと思います。

それに、この後ずっとラブラブでいけるか？というとそこも当然、怪しいわけで。パートナーとの関係性は「コミュニケーションと思いやりの積み重ね」が最も大切な要素なのはなんとなくでも伝わったでしょうか？

大人になりきってみる

貴男は大人ですか？ええ当然、年齢は大人ですよね。それなのに、パートナーと過ごす中で自分の幼稚な部分、未熟な部分で相手を傷つけた経験は男女ともにあると思います。もちろん私だってそう。そこでこれを読んでいる貴男には、パートナーを大切にするためにやってみて欲しいことがあるのです。それは「大人になりきってみる」という事。

ところで「大人」って、どんなイメージですか？ 大人に関して良いイメージのものを上げてみましょう。私が思いつくところでいえば、こんな感じ。

・心に余裕がある
・感情的にならない
・冷静に話し合いができる
・相手の立場で考えることが出来る
・どんな事も責任を持ってやりとげる
・年下や後輩には優しく、差別しない
・セックスは日常の延長にあることを理解している
・自分だけが勝とうとしない、マウントを取らない
・パートナーに求めることばかりしない

・関わる人に常に何かの感謝の気持ちを持つ
・人に思いやりを持つ
・堂々とふるまう
・変に恥ずかしがらない
・知識が深い
・相手に気を遣わせない自然な気遣いができる
・さらっと親切にできる

…などでしょうか。貴男がイメージする素敵な大人にはどんなものがありますか？ パートナーを傷つけてしまう前に「素敵だと思う大人」に自分自身がなりきってみましょう。驚くほど、関係性が良好になりやすいです。

毎日のハグとキス

これって実は、一番大切な事かもしれません。どんなに性の知識やテクニックを得ても、実践しても、スキンシップがセックスの時だけだと、それはやがて無くなっていきます。相手とのスキンシップを日常化しておく事は、パートナーとの良い関係性の持続に欠かせないといえるでしょう。

ハグやキスは何もセックスのきっかけの為だけのものではありません。「今更できない」「いい年して恥ずかしい」なんて言ってる方は、パートナーとのコミュニケーションをサボっているだけです。今までやってこなかった、という方は、この本を見せてパートナーに提案してみるのもいいかもしれません。「心と身体の健康にいいホルモンが出るらしいから、毎日ハグしない?」なんてのもいいと思います。

事実、7秒以上のハグは「幸福愛情ホルモン」といわれるオキシトシンが分泌され、心身に高い健康効果があると実証されています。ハグをして、仕上げに軽くキスをする。そういったスキンシップが日常的であればあるほど関係性が持続します。よくある「行ってきますのチュー」はパートナーシップにとても効果が高いものだったんだなぁ、と改めて思います。

生身の身体の私たちは、相手も自分も日々体調が変化していきますし、特に女性は日々の変化が大きい生き物です。毎日ハグや軽いキスをすることで相手の変化にも気づきやすくなりますから、ぜひやってみて欲しいです。すでに「いつもやってるよ!」ってカップルは本当に素敵です!

2人だけの世界を持つ

「2人だけの時間を大切にして、2人だけの世界を持つ」というのが最高のカップルだと思います。貴男は「パートナーとの関係が崩れるきっかけ」ってなんだと思いますか？ 私の中では答えが出ています。それは「2人の関係に他人が入りこんだ時」です。

他人というのは、家族も含みます。2人以外の誰かが介入してきて、それが日常になった時、相手が大嫌いになるほどのモメ事が起こったりします。例えば姑や舅、自分たちの子ども、互いの友人、職場の人間、近所の人、横恋慕する他人、等々。他人が関わるほどに2人きりでは起こらない喧嘩やトラブルが頻出します。

もちろん、長きにわたってパートナーであればあるほど、他人が関わってくる機会は多くなりますし、それは仕方のないことです。注意すべきは、誰かが介入してきた時に、それを2人の世界の基本にしてはならない事。2人だけの世界はいつも別に持っておくことです。

例えば家族になれば、子どもが出来たり、互いの親との関係も日常的になってきます。代表的な例だと、嫁姑の関係が悪いと夫婦関係まで悪くなってしまったり、子どもの教育方針や教育費の使い方で喧嘩をしたり、なんてのはよくある話です。ですが、たとえそんな状況になっても、いつも戻れる「2人だけの世界」があれば、ただの愛し合う男女に戻れるチャンスがあるのです。

どんなに一緒に歳を重ね、関わる人が多くても「2人の事は2人だけで決める」と約束をして、それを実践していく事が、素晴らしいパートナーシップに欠かせないのではないでしょうか。

あとがき

さて、今回は「オトナの性教育〈男性編〉」をテーマにしましたが、まだまだ書きたいことがいっぱいで、全部は書ききれませんでした。本書に登場した受講生も、今回は若い男性が登場人物になっていましたが、もっと年齢が高い方々でも、同じように性の悩みは尽きないものです（次回はそういった方々向けにも書いてみたいと思っています）。

今回の本は、今まで書けなかった内容も多く含んでいます。まあまあ辛辣な部分も多かったですし、プライドの高い男性だと「女に男の何がわかる！」のような拒否反応があったかもしれませんね。

でもね、私は男性が大好きなんですよ。恋愛やセックスのパートナーとしてはもちろんですが、セックスの関係性がない友人男性でも、皆とても愛おしく思っています。私はプライベートでは2人の男子の母親でもあるので、その影響も大きいかもしれません。

大好きだからこそ、男性が女性の事を知らな過ぎるために、女性からの評価が低くなる方が多い事がとても残念に感じていました。皆もっと知ってくれたらいいのにな、もっと私に相談してくれたら教えてあげるのにな、と残念に思う事も多々ありました。

実際に私の講座やカウンセリングを受けた女性達からも「彼氏に講座受けてほしい」「旦那に聞かせたい」というお声も多かったのです。

なので、これまで中々話せなかった男性への熱い思いもあっての書き物になりました。

貴男もきっと、女性という存在をいとおしく思ってくれているのでしょう。でないとこの本を最後まで読んでいないと思いますから。もちろんこの本にすべては書ききれず、それぞれのお悩みに完璧に対応できるものではないかもしれません。そんな時にはぜひ個別相談いただけたらと思います。

また、今回の出版が叶ったのはリボンシップ代表の榎枝幸子さんあっての事でした。出版のオファーをいただいてから、実に3年近くも書かない私を見守ってくださって本当に感謝しています（書く書く詐欺していました。ごめんなさい！）。この本が多くの方に広まるのが一番の恩返しになるはずなので、多くの方に届くよう頑張ります！

さて今回は、大人の男女に知って欲しい性の基礎知識をぎゅっとまとめてみました。いわば基本のき、といったところですが、いかがだったでしょうか。おそらくこれを読んでくださった方々の中には「何だ、知ってる事ばっかりだった」と思った方もいらっしゃるかもしれません。でもね、男性も女性も1人1人が全く違う個性を持っています。改めて本書を参考に、それぞれのパートナーと性生活を探求して、目いっぱいお互いを愛し抜いていただければ幸いに思います。

私が望む世界は、人間同士が堂々と愛し合える世界です。この本が、貴男と貴男の愛する人の幸福に繋がる事を心より願っています。

神田さゆり

超・聞き力

ビジネスパーソンのための
リピート率９割のヒミツ

白梅英子 著

定価：1,500円＋税

アフターコロナ社会となった今、対面トークに加え、オンライン対話も普及し、ビジネスパーソンは「コミュニケーション能力」がさらに問われる時代に。「話し下手に未来はないのか…」とお嘆きのアナタ！ むしろアナタは「コミュニケーションの達人」に向いています。「話す」の呪縛を逃れ「聞く」に全集中できれば、顧客のニーズとハートを鷲掴みにできるのです！ この本を読めば、話し下手だった著者が営業いらずの超リピート率を誇る超・人気講師になれたヒミツのスキル「超・聞く力」がまるわかりです！

のべ６万人を指導してきた
ＭＢＡビジネスセミナー講師が
全ビジネスパーソンに伝えたい
究極のビジネススキルは
「聞いて、聞いて、聞きまくる！」

著者プロフィール

組織づくり人づくりのコンサルティング「ル レーブ」代表。グロービス経営大学院経営学修士（MBA）、国家資格キャリアコンサルタント。1967年、福岡県久留米市生まれ。日本長期信用銀行で窓口や秘書業務等を経験し、専門学校で秘書科の常勤講師を経て、ビジネスセミナー講師として独立。2000年、ル レーブ設立。自治体や企業、医療・介護福祉施設において「従業員満足を高め、顧客満足向上に繋がる仕組み」を作るための研修を企画・実施。経営者や管理職、社員等にカウンセリング技法を取り入れた面談も提供している。2022年、1on1トレーニングや個人カウンセリングのサービス開始。ビジネスセミナー講師としての登壇数は3000回を超え、受講者は新入社員から管理職まで幅広く、リピート率９割の実績を持つ。ワークショップスタイルの研修が特に好評。

リボンシップの本のご紹介

アンちゃんの日本が好きすぎてたまらんバイ！

アン・クレシーニ 著

定価：1,500円＋税

地元福岡では知らぬ人がいない外国人（文化人）タレント筆頭のアンちゃん（アン・クレシーニ：ヤンキー大学准教授、世界遺産のむなかた応援大使）。ある恥ずかしい和製英語がきっかけで「日本という沼」（変な日本語、変な日本文化、変な風習）にどっぷりハマったアンちゃんの、笑いあり（ずっと和式トイレを逆向きに座って使っていた他）涙あり（ＰＴＡで地獄を見た他）の、あふれんばかりの「日本愛」が詰まった本です。アンちゃんには「日本人には見えない日本」が見えている！ 日本人にこそ是非読んで欲しい一冊なのです。

本当に恐ろしかった
地獄のＰＴＡ体験記も。
衝撃の結末は
本書を見てね!!

▶日本が好きすぎて「日本人」になったアンちゃん

著者プロフィール
北九州市立大学准教授、福岡県宗像市在住。むなかた応援大使。1974年、アメリカ・バージニア州生まれ、メアリーワシントン大学卒。 オールドドミニオン大学大学院にて応用言語学修士取得。流暢な博多弁を話し、日本と日本語をこよなく愛する言語学者。専門は和製英語。研究と並行し、バイリンガルブロガー、各種講演、ＴＶコメンテーターとして多方面で活動中。本書の元となった「アンちゃんの日本ＧＯ！」を西日本新聞にて連載中。TBS「マツコの知らない世界」にも出演。

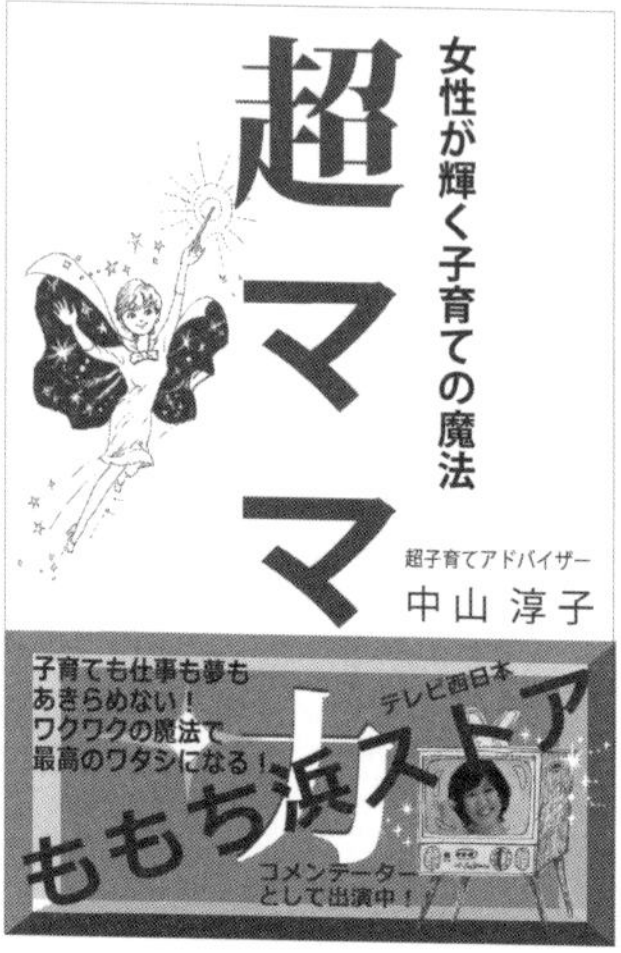

超ママ力

女性が輝く子育ての魔法

超子育てアドバイザー
中山淳子 著

定価：1,500円＋税

「子育ても仕事も夢もあきらめない！」
カリスマ幼児右脳教室がベンチャーだった頃から、
七田眞先生のもと、逆風の中で普及に大奮闘！
その経験を活かし「超子育て」アドバイザーとして、
女性が輝く「子育ての魔法」を大公開！
５年にもおよぶ壮絶な「妊活」秘話も！

ニューノーマルの子育てには超ママ力！

「読者の声」より
「育休中で仕事復帰に不安でしたが、自信回復してきました！」
「子どももワタシも『そのままで 100 点！』とても勇気をもらいました！」
「あまり本を読まない私ですが、スラスラ言葉が入ってきて涙が止まりませんでした！」

著者プロフィール
1967 年、福岡県中間市生まれ。七田チャイルドアカデミーにて、初の女性管理職として幼児右脳教育普及に大きく貢献（東京本部長、九州本部長、企画運営を歴任）。「ももち浜ストア」（TNC テレビ西日本）レギュラーコメンテーター。現在は各種教育機関、幼稚園、保育園などのコンサルティングや、ママ向け商品、施設、住宅メーカーのアドバイザーとして活動中。エッセイ掲載や講演も多数、自身の不妊治療、妊活経験を語る活動も。

リボンシップの本のご紹介

時魔女のススメ

ワクワクと集中力で
時間と人生は無限に広がる！

今村敦子 著

定価：1,500円＋税

今、インスタ女子に「手帳」が大ブームですが、はるか昔の中１の時から「手帳マニア」だった人気タレントの今村敦子さん。手帳に留まらず「時間を余すことなく完全に使い切る」ことに情熱を注ぎ、行きついた先が「時間の本当の正体」の発見、そしてなんと「時間そのものの増やし方！」。スポーツ選手の「ゾーンに入る」や「球が止まって見える」、自動車事故の際の「ぶつかる瞬間がスローモーションに見える」等、この本を読めば、すべてまる分かり！ 早朝のラジオから月～金曜のＴＶ３時間生放送、娘のお弁当作りと超多忙の今村敦子さんが「オフも大充実」「病気や疲れ知らず」「超たまご肌」の理由、それは……時間を10倍に増やすことができる「時間の魔女」だったのです！

時間は、じつは３次元！
ワクワク×集中力×時間の
「タイムスペース」で
できている！

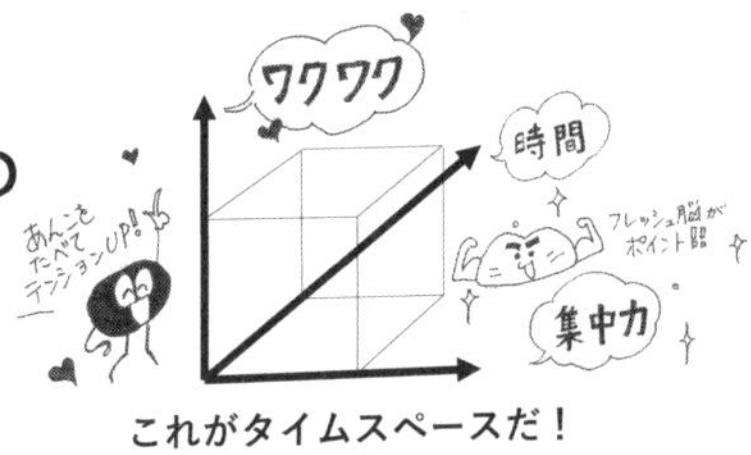

これがタイムスペースだ！

著者プロフィール

福岡を拠点に活躍中のタレント、ラジオパーソナリティー。FBS福岡放送「めんたいワイド」メインMC、エフエム福岡「モーニングジャム」「教えて！コンシェルジュ」他、レギュラー多数。高校生の娘のママでもある。1970年、福岡県福岡市生まれ。大学卒業後、広告代理店を経て、天職のＴＶリポーターの職（人前でしゃべる仕事）に出会い、現在へと至る。年間150店以上を食べ歩くほどのグルメ好き。特にあんこに目が無く、「アンコンヌ」の異名を持つほど。大忙しなのにここ数十年、風邪をひいたことがないほどの超元気ぶり。

装丁　えのえださちこ
表紙撮影　松本裕之
表紙ヘア＆メイク　神田さゆり
イラスト　ＨＡ＊
協力　アトリエカフェいえ 金石智宏、中山淳子

主婦の手づくり出版社「合同会社リボンシップ」とは？

百貨店のマネキンで働く主婦（榎枝幸子・59）が、
勢いと手探りで、なんと出版社を設立してしまいました。
リボンシップの理念は「ガチガチの枠を外して、
ワクワクのコミュニケーション！ 信じるものは結ばれる！」
福岡で働く主婦のひとり出版社は、常識にとらわれない
生き方と働き方を、今まさに実践中です‼

リボンシップウェブサイト　http://www.reboneship.com

著者プロフィール

神田さゆり

Sayuri Kanda

◀ インスタグラム

ラブエキスパート。長崎県佐世保市出身。23 歳でガールズバー経営から美容業界への転身。エステサロンでお客様の恋愛相談に乗るうち恋愛講師となり活躍中。『34 歳以上限定・年下彼氏の作り方』（つた書房）が Amazon で 8 部門 1 位、総合 2 位の大ヒットとなる。その後、美容家としても『3 分でほうれい線を飛ばす神田式リフトアップ』リリース。

ほとんどの男性が女性の性やセックスを誤解している現実にショックを受け、この本を世に出そうと決断。男性向けの性をテーマにしたこの渾身の一冊は「これでモテなきゃ諦めな！」と著者が宣言するほど、ユーモアと実用性が満載。

男に生まれたからには、ベッドの上でも最高の喜びをパートナーに与えてあげましょう。

非モテ、倦怠期、離婚危機、
すべてうまくいく愛のスキル

オトナの超♥性教育

2024 年 4 月 24 日　初版発行

著　者　神田さゆり
発行者　榎枝幸子
発行所　合同会社 リボンシップ
〒 814-0112 福岡県福岡市城南区友丘 5 丁目 20-11
TEL / FAX　092-407-2499
happychild1115@gmail.com
発売　株式会社 星雲社（共同出版社・流通責任出版社）
印刷・製本　シナノ書籍印刷株式会社

ISBN 978-4-434-33756-7　　Printed in Japan